HANS PEHL

Als sie einst die Stadt schützten

HANS PEHL

ALS SIE EINST
DIE STADT SCHÜTZTEN

Frankfurts befestigte Gutshöfe

VERLAG JOSEF KNECHT · FRANKFURT AM MAIN

Foto auf dem Umschlag:
Ausschnitt aus dem Belagerungsplan der Stadt Frankfurt
von 1552

Fotos im Text von Dieter Schirg,
nach Originalen in der Graphischen Sammlung
des Historischen Museums Frankfurt am Main.
Fotos auf Seite 13 und 80: Stadtarchiv

CIP-Kurztitelaufnahme der Deutschen Bibliothek

Pehl, Hans:
Als sie einst die Stadt schützten: Frankfurts befestigte Gutshöfe. – Frankfurt am
Main: Knecht, 1978.

ISBN 3-7820-0411-6

ISBN 3-7820-0411-6

1. Auflage 1978. Alle Rechte vorbehalten. Printed in Germany. © 1978 by
Verlag Josef Knecht – Carolusdruckerei GmbH., Frankfurt am Main.
Gesamtherstellung: Wiesbadener Graphische Betriebe GmbH, Wiesbaden

INHALT

VORWORT

Nur hinter starken, wohlbewehrten Mauern war man im Mittelalter seines Lebens einigermaßen sicher. Nicht nur in der „kaiserlosen, schrecklichen Zeit", sondern auch in Epochen, in denen die kaiserliche Gewalt oder die Macht aufstrebender Territorialherren sich darum bemühten, Ruhe und Ordnung aufrechtzuerhalten. Der Kaufmann, der mit kostbaren, auf festen Planwagen verpackten Waren über eine Landstraße zog, mußte damit rechnen, daß trotz allen Geleitschutzes an der nächsten Wegkreuzung ein Haufen abenteuerlich aussehender Gesellen über ihn herfiel. Der auf seinem Acker arbeitende Bauer, der in der Mittagshitze eingeschlummerte Hirte sahen sich plötzlich überfallen, gefesselt und in ein naßkaltes dunkles Verließ verschleppt. Gegen solche mißliebigen, höchst unerwünschten Zeitgenossen konnte sich die Stadt Frankfurt mit Erfolg zur Wehr setzen. Durch eine in Jahrhunderten immer weiter ausgebaute Stadtmauer und im späten Mittelalter, als die Unsicherheit, die Fehden, Überfälle und Kleinkriege immer mehr zunahmen, durch eine Landwehr rings um seine Gemarkung.

Besonders aber auch durch ein wohl durchdachtes, systematisch ausgebautes und erweitertes System befestigter Gutshöfe vor der Stadt. Bereits 1333 hatte sie von Ludwig dem Bayern, der ihr sehr wohlgesinnt (und auf sie angewiesen) war, das Privileg erhalten, daß in ihrem Umkreis von Seligenstadt bis zum Rhein innerhalb von zwei Meilen auf beiden Seiten des Mains keine fremde Macht einen befestigten Platz („burglichen Bau") errichten durfte. 1336 wurde es noch erweitert, jetzt durfte auch im Umkreis von fünf Meilen um die Stadt selbst kein Nachbar sich einen solchen feindseligen Akt erlauben. Doch wenn sie diese kaiserliche Verordnung geschickt umgingen, die Herren von Cronberg oder von Falkenstein etwa, die die Frankfurter Pfeffersäkke ob ihres zunehmenden Reichtums beneideten? Etwa dadurch, daß sie einen Gutshof, den Frankfurter Bürger vor den Toren der Stadt errichtet hatten, in ihren Besitz brachten und ihn mit einem oder zwei Fähnlein von Reisigen belegten? Auch dagegen traf man Vorsorge: eine Verordnung aus dem Jahre 1394 verpflichtete alle, die „Häuser vor der Stadt haben", diese nicht in fremde Hände gelangen zu lassen. Außerdem behielt man sich das Recht vor, sie jederzeit mit Truppen zu belegen. Im Laufe längerer Zeit brachte zudem die Stadtverwaltung zumindest die wichtigsten Gutshöfe durch Ankäufe in ihren Besitz.

Von Dezember 1976 bis Januar 1978 veröffentlichte der Verfasser im Stadtblatt („Zeitung für Frankfurt") der „Frankfurter Allgemeinen Zeitung" eine Reihe von Aufsätzen unter dem Titel „Frankfurts befestigte Gutshöfe", gewissermaßen als Fortsetzung und Ergänzung seiner Serie über die mittelalterliche Stadtbefestigung. Auch bei ihnen wurde, wie bei den früher schon erschienenen Folgen, vielfach der Wunsch nach einer Buchveröffentlichung laut. Sie liegt hier, ergänzt, erweitert und teilweise umgearbeitet, vor. Die beiden vorhergehenden Bändchen „Von der Pfalzkapelle zum Kaiserdom; Frankfurts mittelalterliche Kirchen" und „Als die Frankfurter noch hinter der Mauer lebten; die mittelalterliche Befestigung der Freien Reichsstadt" sind inzwischen von einem größeren Publikum und der Kritik günstig aufgenommen worden.

Auch dieses neue Bändchen setzt sich wieder das Ziel, möglichst viele „Alt- und Neu-Frankfurter" und zahlreiche Auswärtige für die oft glanzvolle, aber auch von Rückschlägen und Notzeiten nicht freie, aber immer faszinierende Geschichte Frankfurts zu interessieren. Nach dem Grundsatz „Geschichte darf nicht langweilig, nicht öde oder schleppend berichtet werden, wenn Interesse für sie geweckt werden soll", hat der Autor auch dieses Mal wieder eine aufgelockerte, durch viele Anekdoten gewürzte Form der Erzählung gewählt, die ja Exaktheit und Zuverlässigkeit nicht ausschließt.

Dankbar benutzt wurden auch dieses Mal wieder

neben ungedruckten Quellen des Frankfurter Stadtarchivs die zahlreiche, oft sehr ins einzelne gehende
gedruckte Literatur, die vielfach von profunden
Kennern der Frankfurter Geschichte verfaßt wurde,
und deren oft entsagungsvolle Arbeit für den Verfasser von großem Nutzen war.

Zum Schluß darf ich noch aufrichtigen Dank allen
denen sagen, die mich durch Hinweise, Ratschläge,
Hilfen und Bemühungen unterstützt haben, insbe-
sondere allen Mitarbeiterinnen und Mitarbeitern des
Frankfurter Stadtarchivs und des Historischen Museums, die unermüdlich meine vielfältigen Bitten
erfüllt haben. Nicht zuletzt danke ich den Leitern der
wohlgeordneten Graphischen Sammlung mit ihren
reichen Beständen aus vielen Jahrhunderten für das
Bildmaterial.

Hans Pehl

Eine „Pechnase" sicherte das Ostend

DIE RIEDERHÖFE

Keinem Feind wäre es in den früheren Jahrhunderten gelungen, die stattlichen Riederhöfe im Osten Frankfurts zu erobern oder gar überfallartig im Handstreich zu besetzen. Hätten bewaffnete Heerhaufen, etwa der Herren von Hanau, die mit der reichen Handelsstadt in ständiger Fehde lagen, versucht, frontal durch das mächtige Eingangstor einzudringen, wären die Reisigen bald laut schreiend und brüllend in alle Winde zerstoben, wenn sie den Überfall überhaupt lebend überstanden hätten. Denn durch eine Öffnung am oberen Teil des Torbogens, die „Pechnase", hätten die Belagerten siedendes Pech oder Öl auf die Eindringlinge gegossen.

So wäre es wohl all die Jahrhunderte gegangen, seit wir von diesen Höfen wissen. 1193 wurden sie zum ersten Mal urkundlich genannt. Kaiser Heinrich VI. schenkte sie dem Frankfurter Schultheißen Wolfram und dessen Gattin. Diese gab sie an das Kloster Hayna in Oberhessen weiter, für ein Jahrhundert kamen sie dann an das Kloster Arnsberg (ebenfalls in Oberhessen). Später bemächtigten sich

11

Frankfurter Patrizier, unter anderem die Herren von Holzhausen und „die Frösche" (Angehörige der weit verzweigten Frankfurter Patrizierfamilie Frosch), des reichen und gewinnbringenden Anwesens.

Doch noch immer konnte die Frankfurter Stadtverwaltung die Angst nicht überwinden, daß einer dieser Höfe einmal in fremde Hände geraten werde. Traute sie selbst Frankfurter Patriziern nicht? Jedenfalls mußten Junge Frosch und sein Sohn Wicker und Henne von Holzhausen, der Sohn Sigfrids, 1419 erneut sich feierlich verpflichten, ihre Anwesen niemals in die Hände von Fremden kommen zu lassen und sie jederzeit der Stadt zur Verteidigung zur Verfügung zu stellen. Jede Gefahr aber wurde beseitigt, als 1488 der Rat der Stadt einen Teil des stattlichen Geländes (durch Erbteilung waren es inzwischen vier Höfe geworden) aufkaufte. In Wirklichkeit aber trat er, geschickt und vorsichtig taktierend, nur offiziell als Käufer auf, tatsächlich ging das Anwesen in den Besitz des Hospitals zum Heiligen Geist über. Dieser angesehenen Stiftung gelang es, das ganze Gelände auf diesem Umwege in ihren Besitz zu bringen, seit dieser Zeit sprechen die uns erhaltenen Urkunden nur noch von zwei Höfen, dem großen und dem kleinen Riederhof.

Doch die Stadt sollte ihres Besitzes nicht froh werden, Ärger gab es für die „hohe Obrigkeit" genug in den Höfen selbst und in dem umliegenden Gelände. Eines unschönen Tages, etwa in der Mitte des 16. Jahrhunderts, als die kaiserliche Gewalt sich in

Das Haupttor der Riederhöfe mit der „Pechnase" und der
Taube, dem Symbol des Hl. Geistes

tiefstem Niedergang befand, drangen „zwei Hanauer Befehlshaber" mit ein paar Reisigen in die Höfe ein, ergriffen dort den „Peter Jost aus Niederrad", offenbar einen Verwalter oder Angestellten des Hofes, brachten ihn vor den Zentgrafen von Fechenheim, verschleppten ihn dann nach Bergen (wo sich ein Hochgericht befand) und knüpften dort den armen Teufel ohne Gerichtsurteil einfach auf.

Als Gegenschlag aber schickten die Frankfurter nicht ihre bewaffnete Macht, sondern ihre Juristen in den Kampf. Diese suchten zunächst einmal mit spitzfindigen Argumenten zu beweisen, daß die Riederhöfe auf Frankfurter Territorium lägen und Frankfurter Jurisdiktion unterständen, was die Hanauer bestritten. Besagter Peter Jost sei im übrigen außerhalb der Frankfurter Landwehr, also auf hanauischem Gebiet, mit einer Büchse in der Hand erwischt worden, als er Hasen schießen wollte. Jahrzehntelang gingen die Streitereien hin und her. Sogar die kaiserliche Gerichtsbarkeit mußte sich mit den Frankfurter und Hanauer Querelen befassen. – 1605 wandten sich die Frankfurter an Kaiser Rudolf. Sie wußten dabei Schlimmes zu berichten: An einem 23. März seien Leute des Grafen von Hanau mit dreizehn oder vierzehn Pferden über von Frankfurt bestellte Wächter im Vorgelände der beiden Höfe hergefallen, hätten diese mit „gotteslästerlichen Flüchen" angefahren, sie mit Spießruten und Fäustlingen „übel traktiert", außerdem einen Wächter nach Hanau verschleppt, wo er „Urfehde schwören mußte". Wer sich im übrigen endgültig durchgesetzt hat, die Frankfurter oder hanauischen Perücken, darüber schweigen unsere Quellen.

Dem Charakter des Gutshofes entsprechend waren seine Gebäude verhältnismäßig einfach gehalten. Das Herrenhaus wird in seinem Grundriß noch auf die romanische Zeit zurückgegangen sein, jedenfalls ließen wesentliche Bauteile darauf schließen. Leider wurde es ein Opfer des letzten Krieges, es brannte vollständig aus, die Reste wurden nach dem Kriege abgerissen, um einem modernen Neubau Platz zu machen. Das stattliche Anwesen enthielt auch eine romanische Kapelle, die schon 1797 der Spitzhacke zum Opfer gefallen war. Nach der einzigen uns erhaltenen Zeichnung muß das wohl in der ersten Hälfte des XII. Jahrhunderts errichtete Gotteshaus von erlesener stiller Schönheit, künstlerisch vollendeten Rundbogen und wertvollen Kapitellen gewesen sein.

Bis zum Jahre 1900 blieben die Höfe im Besitze des Hospitals, dann gingen sie in das unmittelbare Eigentum der Stadt über. Heute geht die Hanauer Landstraße quer durch das Gelände. Nur das Haupttor mit seiner Pechnase hat alle Kriege und notvollen Zeiten überstanden. Die Taube (das Symbol des Heiligen Geistes) über der rundbogigen Einfahrt, jetzt sehr verwittert, erinnert daran, daß dieses Gebiet einmal geistlicher Besitz war. Weltverloren steht es heute auf einem Industriegelände.

DER KÜHHORNSHOF

Der von einem breiten Wassergraben umgebene, nur über eine altertümliche Zugbrücke zugängliche Kühhornshof im Norden der Stadt, von dem heute nur noch ein spärlicher Rest vorhanden ist, muß einst eine romantische Idylle gewesen sein. Um einen massiv aus Bruchsteinen erbauten Turm, der wohl einmal der Mittelpunkt des Verteidigungssystems an der nördlichen Frankfurter Landwehr gewesen ist, reihte sich, zwanglos im Rechteck angeordnet, eine Reihe von ländlich wirkenden, zum Teil aus Fachwerk erstellten Gebäuden. Bei der Belagerung Frankfurts durch Moritz von Sachsen (1552) waren sie von feindlichen Truppen niedergebrannt worden. Der Turm, das Herrenhaus, über einem massiven Keller erbaut, und seine Nebengebäude, von denen ein kleines, mit einem Spitzbogen überdecktes Pförtchen hinaus nach dem Graben führte, dürften erst im 16. Jahrhundert, wahrscheinlich in den Jahren 1581 bis 1586, entstanden sein. Das Haupthaus enthielt im ersten Stock einen geräumigen Saal und in dem steilen Giebel mehrere übereinanderliegende Spei-

Der Kühhornshof
Federzeichnung von M. Schladt

cher. Ein im 18. Jahrhundert errichteter Erweiterungsbau mußte auf die Ringmauer aufgesetzt werden, ein Zeichen dafür, wie platzbeschränkt man in diesem „Außenfort" der „Festung Frankfurt" war.

Doch dicht bei der Idylle herrschte das Grauen. Unweit der Hofanlage befand sich das Feldgericht, wo von gestrengen städtischen Richtern die armen Teufel abgeurteilt wurden, die sich, oft aus Not, eines „Feldfrevels", eines mehr oder minder geringfügigen Diebstahls, schuldig gemacht hatten. An einem steinernen Tisch saß, ebenfalls auf steinernen Bänken, das Gericht, umgeben war der Platz von einer etwa 1,90 Meter hohen Umfassungsmauer, Neugierige konnten also bequem den Verhandlungen beiwohnen. Er war von hohen Bäumen eingefaßt, nach Bildern, die auf uns gekommen sind, muß er einen unheimlich-düsteren Eindruck gemacht haben. Der „Sünder" konnte noch von Glück sagen, wenn er mit einer entehrenden Verspottung davonkam. Ein bis heute erhaltenes, wenn auch stark zerstörtes Relief, einen Fuchs mit einer Laute darstellend, läßt darauf schließen, daß dem Sünder eine Laute umgehängt wurde (dies galt im Mittelalter als Schande); er wurde also damit symbolisch an den Pranger gestellt und dem Gespött der Leute preisgegeben. Ob es angesichts der barbarischen Strafen, die damals auch für geringfügige Vergehen verhängt wurden, dabei geblieben ist? Wir können dies nur vermuten. Gerichtsurteile sind nicht überliefert.

Pikanterweise wird bereits in der ersten erhaltenen

18

Urkunde über den Hof der (heute noch existierende) „Diebsweg" erwähnt. 1323 verkaufte Frau Mechthild von Breuberg ihre Hofstatt, „die da stolzent uf den Dypewek" (die zu dem Diebsweg führt), ein zum ehemaligen Königsgut gehörendes Gelände, an den Frankfurter Patrizier Jakob Knoblauch. Dieser war ein sehr mächtiger und angesehener Herr, Parteigänger Ludwigs des Bayern, in dessen Diensten er mehrfach diplomatische Missionen durchführte. Er vermehrte diesen Besitz noch durch den Ankauf benachbarter Grundstücke. Der Propst des St.-Bartholomäus-Stiftes verzichtete für diese umfangreiche Liegenschaft auf die Entrichtung des Zehnten, eine höchst seltene Ausnahme. Knoblauchs Sohn, ebenfalls mit Namen Jakob, verkaufte den Hof für 800 Gulden an den Rat der Stadt (1396), 1413 gab ihn die Stadt für 850 Gulden an Rudolf zum Humbrecht weiter, nicht ohne strenge Auflagen, die den Weiterverkauf an Auswärtige verhindern und der Stadt das Recht geben sollten, ihn jederzeit mit Truppen und Geschützen zu belegen.

Dann wanderte das reiche Besitztum im Laufe der Jahrhunderte von Hand zu Hand. Im 16. Jahrhundert kam es an Bernhard Kuhorn, seit dieser Zeit bürgerte sich der Name Kuhornshof für das in früheren Urkunden meist Knoblauchhof genannte Anwesen ein, 1600 erwarb es Heinrich von Bertram, seitdem kommt auch der Name Bertramshof vor. Etwa 1840 kam es an die Familie Rothschild; diese hatte wohl nur an den umfangreichen Ländereien, nicht aber an der Erhaltung der alten Gebäude Interesse. Der stattliche Herrenhof verfiel zusehends, im September 1868 mußte das Haupthaus abgerissen werden, vier Jahre später folgten die südlichen und die westlichen Hofgebäude. Ein Bericht aus dem August 1874 entwirft ein trostloses Bild: Der Graben ist versumpft, die Brücke am Zusammenbrechen, alles befindet sich in hoffnungslosem Verfall. Das Ende war gekommen.

Heute existiert nur noch der wehrhafte Verteidigungsturm. Er befindet sich auf dem Gebiet des Hessischen Rundfunks; geschmackvoll und sorgfältig restauriert steht er dort in der Nachbarschaft moderner Zweckbauten und erinnert an eine Zeit, in der der Norden Frankfurts oft genug von Krieg und Kriegsgeschrei widerhallte. Sonst halten nur noch Straßen- und Flurnamen („Kühhornshofweg", „Bertramswiese" und „Feldgerichtsstraße") die Erinnerung an den befestigten Gutshof fest, der einmal bei der Verteidigung der „Festung Frankfurt" eine wichtige Rolle gespielt hat.

Ein wehrhaftes Haus für Patrizier

DER GROSSE UND DER KLEINE KETTENHOF

Wogende Kornfelder, sumpfige Wiesen, hochragende Pappeln, Erlen und blühende Obstbäume erfreuten noch Ende des 19. Jahrhunderts den Erholung suchenden Spaziergänger im Westen Frankfurts. Wo sich heute der Kettenhofweg und die Niedenau hinziehen, erstreckte sich welliges Gelände, unterbrochen nur von staubigen Feldwegen, einigen Sträuchern und einem schilfverwachsenen Tümpel, dem Rüstersee. Inmitten dieser ländlichen Gegend, einsam und weit entfernt von der betriebsamen Stadt, lag die Koeten-Oede, ein stattlicher Gutshof, bestehend aus einem stark befestigten Herrenhaus, später der „Kleine Kettenhof" genannt, durch einen Wassergraben und eine wehrhafte Mauer bestens geschützt und nur über eine steinerne Brücke zugänglich. Das Haus, im Innern für eine vornehme Patrizierfamilie wohnlich eingerichtet, war auf die Ringmauer aufgesetzt, in der südwestlichen Ecke stand ein massiver Turm. An ihn schloß sich der „Große Kettenhof" mit weitläufigen Scheunen und Stallungen an. Er war unbefestigt, doch in Kriegszeiten und bei Überfällen konnten seine Bewohner leicht in der benachbarten „Festung" Zuflucht finden.

Verhältnismäßig spät, 1560, wird die Koeten-Oede unter diesem Namen zum ersten Mal urkundlich genannt. Ob die uns seit 1372 bekannten Höfe in der Niedenau („Nydenauwe") ganz oder teilweise mit ihm identisch sind, wissen wir allerdings nicht. 1560 verpflichtete sich Johann Koet dem Rate der Stadt gegenüber, den „stainen stock Koeten ode genannt... gelegen vor der Bockenhaimer pforten bei dem Rösterseehe" (ungefähr an der Stelle der heutigen Christuskirche und ihrer Gartenanlagen und dem Beethovenplatz) niemals in auswärtige Hände gelangen zu lassen. Der reiche Hof, dem Katharinenkloster seit 1536 mit jährlich sechzehn Gulden zinspflichtig, der bei der Belagerung Frankfurts durch Moritz von Sachsen niedergebrannt worden war (der Belagerungsplan zeigt den Bergfried in hellen Flammen), wanderte dann innerhalb der Frankfurter Patrizierfamilien „von Hand zu Hand", 1595 ging er in den Besitz eines niederländischen Kaufmanns über, der in Frankfurt ansässig geworden war. Etwa hundert Jahre war er dann Eigentum eingewanderter Niederländer, bis ihn 1690 Hektor Wilhelm von Günderode ankaufte. Bei dieser Familie blieb er bis 1877.

Dann verfiel das stattliche Anwesen zusehends. Carl Theodor Reiffenstein, dem wir eine große Anzahl romantisierender Zeichnungen aus dem alten Frankfurt, darunter auch mehrere Skizzen des Klei-

Der Kettenhof
Bleistiftzeichnung von A. Eymar (1862)

nen Kettenhofs, verdanken, gab uns auch eine ebenso lebendige wie wehmütige Schilderung des langsamen Verfalls. Noch 1878 war er bei einem Besuch im Kleinen Kettenhof überrascht über die „außerordentliche Wohnlichkeit und behagliche Anordnung der verschiedenen Zimmer". Er findet noch altes Holztafelwerk in den Stuben und an den Türen, eine Treppe mit gedrechselten Stäben in ihrem Geländer, „obwohl der Zustand der Zerstörung und Vernachlässigung den höchsten Grad erreicht hat und die Räume kaum noch bewohnbar sind". Im September 1880 ist der Verfall schon bedenklich fortgeschritten. Fenster sind ausgehängt, das Holzwerk ist herausgebrochen, die Türen sind verschwunden, und alles Eisenwerk ist entfernt.

Das Ende kam zu Beginn der neunziger Jahre des 19. Jahrhunderts. Die noch stehenden Gebäude wurden niedergelegt, das Gelände neu bebaut und neue Straßen angelegt, durch die heute der Großstadtverkehr braust. Sollen wir die Vernichtung des Alten bedauern, besonders wenn wir bei Reiffenstein lesen, daß dicht am Rande des ehemaligen Weihers ein kleines Wäldchen stand, das der einsamen Gegend einen wundervollen malerischen Reiz verlieh? „Namentlich gegen Abend starrten diese alten, hohen Bäume zusammen mit den verfallenden Hofgebäuden unheimlich und geheimnisvoll gegen die dunkelnde Luft." Wir müssen uns wohl damit abfinden, daß — tatsächliche oder vermeintliche — Idylle in unserer technisierten Zeit immer mehr

verschwinden und häßlichen, zumindest nüchtern-
sachlichen Neubauten weichen müssen. Von den
beiden Kettenhöfen ist heute keine Spur mehr vorhanden.

Der kleine Kettenhof
Undatiertes Aquarell von Carl Theobald

Erst fleißig getrunken und dann „Gold gemacht"

DIE HOLZHAUSENSCHE ÖDE
UND DAS WASSERSCHLÖSSCHEN

Die Herren von Holzhausen waren ein stolzes Geschlecht. Etwa siebzigmal war ein Träger dieses Namens im Laufe der Jahrhunderte Bürgermeister der Stadt Frankfurt, auch das letzte Stadtoberhaupt führte diesen inzwischen weithin bekannten Namen, als die reichsstädtische Zeit in den Wirren der napoleonischen Kriege zu Ende ging. Andere dienten ihrer Vaterstadt und dem Kaiser als Stadtschultheiß oder als Gesandte. Der bedeutendste von ihnen war Hamman von Holzhausen (1467 – 1536), viermal Bürgermeister, Humanist, Wegbereiter der Reformation, Mitbegründer der Lateinschule.

Geschäftlicher Wagemut und eine ganze Portion Glück legten den Grundstock zu einem bedeutenden Vermögen. Aus dem Orient führten sie kostbare Gewürze und Edelsteine ein, Pelze aus aller Herren Länder, Seidenstoffe und wertvolle Spitzen aus den Niederlanden. Äußerst risikoreich war dieser Fernhandel mit Luxusgütern schon wegen der langen, unsicheren Wegstrecken, bis die begehrten Waren in einem Frankfurter Lagerhaus feilgeboten werden

Die Holzhausensche Öde
Bleistiftzeichnung von A. Eymar (1862)

konnten, aber ebenso gewinnbringend. Im „Trierischen Hof", ihrem Wohnhaus in der Stadt, führten die „königlichen Kaufleute" ein ebenso kultiviertes wie aufwendiges Leben. Ihr durch kluge Spekulationen vermehrter Reichtum, Häuser, Liegenschaften, Barvermögen, vererbte sich von Generation zu Generation weiter, jahrhundertelang.

Das gilt auch von der „Öd", dem befestigten, von einem Wassergraben umgebenen Gutshof, an dessen Stelle später das Holzhausenschlößchen getreten ist. 1503 wird Hamman von Holzhausen in einer Urkunde als ihr Besitzer genannt („die gross oede ... gelegen vor der Eschersheimer porten"). Sie wird wohl 1474 durch die Heirat Johann von Holzhausens mit Kunigunde von Lichtenstein, deren Vorfahren die Öde schon seit dem 14. Jahrhundert besessen hatten, in ihren Besitz gekommen sein.

Unter Hamman hat das Hofgut wohl nur zu wirtschaftlichen Zwecken gedient. Das änderte sich aber unter seinem Sohn Justinian gründlich. Dieser, ein Freund der schönen Künste, sammelte hier einen lebendigen Kreis von humanistisch gebildeten Schöngeistern um sich. Einer von ihnen, der Rektor des Frankfurter Gymnasiums, Jakob Micyllus, schrieb, wie es der Sitte der damaligen Zeit entsprach, Hexameter in flüssigem Latein. In einem Gedicht seines Büchleins „Silvae" (Wälder) feiert er seinen Gönner unter der Überschrift „In suburbanum Justiniani ab Holzhausen" (Professor Dr. Franz Lerner, dem wir ein sehr lesenswertes Buch über die Ge-

28

schichte der Familie von Holzhausen verdanken, übersetzt es mit „Auf Justinians Vorwerk").

Aber die Tischrunde hat sich nicht nur wissenschaftlichen Gesprächen hingegeben. Sie hat auch, wie uns unser Dichter lachend verrät, hier gerne und ausgiebig gebechert. „Die Öd" war dazu ein geradezu idealer Platz. Hier waren die gelehrten Herren ganz unter sich, engherzige, kleinbürgerliche Neider waren ferne genug in der Stadt. Auch Wein war reichlich vorhanden, sogar „Eigenbau", denn zu der Öde gehörten einige Weinberge auf dem welligen Gelände des „Affensteines" (des heutigen I.G.-Hochhauses und seiner Umgebung).

Als aber Moritz von Sachsen die Stadt belagerte (1552), nahmen die ausgelassenen Feste ein jähes Ende. Die Öde ging in Flammen auf, auf dem uns erhaltenen Belagerungsplan ist ein überdimensional großer Rauchpilz zu sehen. Für den weinfrohen Justinian aber sollte es noch schlimmer kommen. Eines Tages wollte er, inzwischen mit wichtigen militärischen Aufgaben betraut, nach den Trümmern seines ausgebrannten Besitzes sehen. Dabei wäre er an der Friedberger Pforte fast einem Attentat von kaiserlicher Seite, die ihm offenbar mißtraute, zum Opfer gefallen. Vor der Klinge des Mörders retteten ihn entschlossene Frankfurter Bürger.

Nach der Belagerung ließ er das Gut wieder aufbauen, das Wohnhaus wurde erst 1571 von seinem Sohn Achilles neu erstellt. Im Dreißigjährigen Krieg, 1634, lagerten drei Kompanien französischer

Söldner auf der Öde, zwei Jahre später bemächtigten sich die Kaiserlichen des festen Platzes. Die Franzosen „verwüsteten alles, Hof und steinernes Haus", auch der Rat der Stadt ließ Zerstörungen an dem Gebäude und an den Gartenanlagen vornehmen, um fremdem Kriegsvolk den Aufenthalt zu verleiden. Auch diese Schäden wurden wieder behoben, doch hatte die Familie anscheinend das Interesse an ihrem Besitz verloren, 1663 jedenfalls wurde er für längere Zeit an eine Gerberei vermietet.

Eine Wende brachte erst das beginnende 18. Jahrhundert. Johann von Holzhausen, weit gereist, unternehmungslustig und tatkräftig, 1722 jüngerer, 1733 älterer Bürgermeister seiner Vaterstadt, entschloß sich zu einem modernen, aufwendigen Neubau. Betraut wurde damit ein Franzose, der sich auch in Deutschland bereits einen Namen gemacht hatte. 1722 überreichte der „Sieur de la Fosse" dem „Baron de Holzhausen" ehrerbietigst zehn Zeichnungen für den Wiederaufbau seines Hauses. 1727 bis 1729 ist dann nach seinen Plänen das Holzhausenschlößchen erbaut worden, ein an klassischen Vorbildern orientierter Bau im Stil des französischen Barock. Doch hat der kluge, weltläufige Herr Bürgermeister sich bei dem Bau übernommen? Jedenfalls zogen wieder fremde Mieter ein. Fünf Jahre (1743 bis 1748) hat der Fürst Thurn und Taxis dort gewohnt, 1790 der päpstliche Nuntius, erst im 19. Jahrhundert wurde es zum ständigen Wohnsitz der Familie des Erbauers.

Das Holzhausenschlößchen
Kreidezeichnung von Jakob Happ (1926)

Doch auch weniger honorige Gäste hat die „Öd"
im 18. Jahrhundert gesehen. Auf einen gerissenen
Betrüger, einen „Goldmacher", der versprach, durch
geheimnisvollen Hokuspokus Gold in Mengen her-
beizaubern zu können, sind auch Mitglieder der
Familie Holzhausen hereingefallen. Bis heute liegt
diese Affäre weitgehend im dunkeln, doch scheint
soviel festzustehen: etwa ab 1715, also noch in dem
alten, halbverfallenen Bau, „arbeitete" unter geheimnisvollen Umständen in ländlicher Abgeschie-
denheit und Verborgenheit der Herr „Baron" Johann Christian Creutz von Würtz, ein weithin
bekannter Alchimist. Wer ihn dorthin berufen hat,
Johannes Hieronymus von Holzhausen oder –
wahrscheinlicher – sein Bruder Justinian, ist nicht
mehr auszumachen. Jedenfalls hat der geriebene
Gauner die vermögenden Patrizier ganz gehörig
geschröpft. Sie stellten ihm kostspielige Apparate,
Retorten und andere Einrichtungen zur Verfügung,
zahlten ihm in der Hoffnung auf überreichen Gewinn
ein ansehnliches Gehalt, sie hatten sogar wahrscheinlich in dem geplanten Neubau Arbeitsräume
für ihn vorgesehen. Ob sie ihn später durchschaut
und mit Schimpf und Schande davongejagt haben,
wissen wir nicht. Angezeigt haben sie ihn jedenfalls
nicht, die Blamage wäre zu groß gewesen, ganz
Frankfurt hätte schadenfroh gelacht.

Nur Justinian hat später einmal gegen Ende seines
Lebens deprimiert bekannt, daß ihn der Betrüger fast
in den Bankrott getrieben hätte. Doch dazu kam es

nicht, der geschäftliche Sinn und der Wagemut des Kaufmannsgeschlechtes setzten sich wieder durch, auch das Schlößchen blieb der Familie erhalten. Im Erbgang gelangte es 1908 in den Besitz des Rittmeisters a.D. Freiherrn Adolf von Holzhausen (1866 – 1923), des letzten seines Geschlechtes aus der älteren Linie. 1910 übernahm die Stadt von der Terraingesellschaft, die der Freiherr hauptsächlich zur baulichen Verwertung seines großen Landbesitzes gegründet hatte, das Schlößchen und ein ansehnliches Parkgelände. Nach dem Tode des Freiherrn, der es bis zuletzt bewohnt hatte, wurde es für viele Jahre Sitz des Bundesarchivs. Heute steht es dem „Museum für Vor- und Frühgeschichte" zur Verfügung.

Die Erinnerung an das angesehene Patriziergeschlecht ist in Frankfurt noch vielfach lebendig. Außer dem Schlößchen und dem Park, dem „Oeder Weg", der Holzhausen- und der Hammanstraße, um nur einige zu nennen, hält die Holzhausenschule bei Frankfurts Jugend das Andenken an die Familie wach, die einst zu den reichsten und mächtigsten der Freien Reichsstadt zählte.

DIE STALBURGER ÖDE

Eine romantische Idylle fernab der betriebsamen Handelsstadt Frankfurt muß auch der auf dem Gelände der Stalburger Öde vor dem Eschenheimer Tor gelegene Brunnen gewesen sein. Von hohen, Schatten spendenden Bäumen eingefaßt, lag das „Stalburger Brünnchen bey Frankfurt", möglicherweise eine Mineralquelle, von dem wir eine von Wenzel Hollor nach dem Stande von 1630 angefertigte idealisierende Zeichnung besitzen, in einer von Mauern eingefaßten Vertiefung, die von den beiden länglichen Seitenwänden aus durch Steintreppen erreichbar war. Altertümlich-zierlich, zugleich geschmackvoll war die Umrahmung, besonders der muschelförmige seitliche Abschluß, ein steinerner Tisch und Ruhebänke luden zum Verweilen ein.

Die Öde mit diesem behäbigen, kleinbürgerlichen Plätzchen als gerne aufgesuchtem Mittelpunkt zwischen dem Holzhausenschen Besitz und der Landstraße nach Eckenheim wurde gegen Ende des 15. Jahrhunderts von dem reichen und angesehenen Frankfurter Patrizier und Handelsherren Klas Stal-

Das „Romantische Brünnchen" bei der Stalburger Öde um 1630
Nach einer älteren Vorlage gezeichnet von Wenzel Hollor

burger erworben. 1498 bezeichnete er sie in einer Urkunde als die „kleyne oede" (wohl im Gegensatz zu dem Besitz der Herren von Holzhausen), „am Affenstein gelegen". Zugänglich war sie in ihrer Abgelegenheit nur durch eine lange düstere Allee von hohen Bäumen. Theodor Reiffenstein, dem wir einige Zeichnungen und interessante Notizen über sie verdanken, nannte sie nur „die Seufzer-Allee". Beinahe undurchdringliche Hecken, die das Besitztum umgaben, trugen dazu bei, den Eindruck des Tristen und Abgelegenen noch zu verstärken. Klas' Nachfahr Kraft Stalburger verfügte im 16. Jahrhundert, daß dieses Besitztum (ebenso wie das auf dem Kornmarkt gelegene Stammhaus) jeweils auf den ältesten Sohn der Familie übergehen sollte. Durch diese kluge und weitsichtige Maßnahme gelang es, Erbteilungen und Erbstreitigkeiten zu vermeiden; tatsächlich ist es dann bis zum Aussterben des Geschlechts im Jahre 1808 in dessen Besitz geblieben, ein ganz einzigartiger Fall in der Geschichte Frankfurts.

1552 bei der Belagerung durch Moritz von Sachsen ging es — wie wohl alle im Vorfeld der Stadtmauern gelegenen Höfe — in Flammen auf, der Belagerungsplan zeigt nur einen Gebäudekomplex mit einem hohen Rauchpilz, eine Zeichnung, wie sie uns auch klischeehaft von den anderen Anwesen überliefert ist. Kraft Stalburg hat es dann bald wieder aufgebaut, einen verhältnismäßig schlichten, durch eine steinerne Brücke zugängigen Bau, umgeben von einem breiten Wassergraben. 1734 wurde das inzwischen baufällig gewordene Haus durch einen modernen Neubau ersetzt, auch das Brünnchen im Garten wurde neu gefaßt. In den dreißiger Jahren des 19. Jahrhunderts erwarb dann die Familie von Rothschild für den Bagatellpreis von 22000 Gulden nach dem Aussterben der Stalburgs Haus und Garten, der Graben wurde jetzt zugeworfen, die Brücke entfernt und das Haus wohnlich eingerichtet. Doch eine Generation später schon war das Ende gekommen. Die Rothschilds, die ein prächtiges Wohnhaus in der Stadt besaßen, waren an dem kleinen, bescheidenen Landsitz nicht mehr interessiert. 1873 kam er in die Hände einer Frankfurter Bank, die das Gelände parzellierte und als Bauland verkaufte. Der Brunnen wurde 1876 zerstört und zugeschüttet. 1879 verschwanden die letzten Reste des Herrenhauses.

Theodor Reiffenstein hat uns eine wehmütig-elegische Schilderung des allmählichen Verfalls und der Zerstörung hinterlassen. 1873 ist der Garten von wildem Gestrüpp überwuchert, die schönen alten Bäume des Anwesens und der „Seufzer-Allee" werden gefällt, das Haus, dessen unterer Stock erhalten bleibt, während das fein gegliederte Obergeschoß durch einen geschmacklosen Neubau ersetzt wird, wandelt sich in eine Bierwirtschaft „Zur Stalburg". Die sich in der Gründerzeit in hektischem Tempo vergrößernde Stadt hat auch das Stalburger Idyll vernichtet.

DER GUTLEUTHOF

Im Mittelalter gehörte der Aussatz, wahrscheinlich von Kreuzfahrern nach Europa eingeschleppt, zu den zahlreichen Krankheiten, gegen die es keine Arznei, kein „Kräutchen", keine Rettung und Hilfe gab. Die schwere Seuche zerstörte die Gliedmaßen der von ihr befallenen Menschen, Hände, Zehen, Arme, Beine faulten ab, das Gesicht der Unglücklichen wurde grauenhaft entstellt. Man nahm ein solches Schicksal als Strafe Gottes hin, gegen die es keine Auflehnung gab. Und doch ist es schon früheren Jahrhunderten gelungen, diese Menschheitsgeißel ohne jede ärztliche Mitwirkung in Mitteleuropa nahezu vollständig auszurotten. Man isolierte die Kranken, schloß sie rigoros und barbarisch von jeder menschlichen Gemeinschaft aus, erklärte sie lebendigen Leibes für tot. In Hospitälern, in denen sie ein von der übrigen Welt, auch von ihren nächsten Angehörigen getrenntes Leben führen mußten, siechten sie dahin.

Auch in Frankfurt. Wann hier die ersten „Isolierstationen" eingerichtet wurden, ist mit Sicherheit nicht mehr auszumachen. Bereits 1142 soll ein Heim für Leprose in der Nähe des späteren Weißfrauenklosters existiert haben, mit einer der heiligen Magdalena geweihten Kapelle, der Vorgängerin der späteren Weißfrauenkirche. Auch in einem Hause der Alten Mainzer Gasse und im Rahmhof sollen die Unglücklichen Zuflucht gefunden haben. Erst um 1300 (wahrscheinlich 1283) verbannte man sie in ein „Hospital der Guten Leute" (domus leprosorum), den Gutleuthof, rund eine halbe Stunde Wegstrecke von der damals bewohnten Stadt entfernt. Hier wurden sie von einem Meister, seiner Frau und einigen Brüdern und Schwestern versorgt. Nach allem, was wir darüber wissen, kann man sich die Gebäude des Hofes, zu denen auch eine einfache Kapelle gehörte, nicht primitiv genug vorstellen. Zwar besaß er ein kleines Vermögen aus privaten Stiftungen, das im Auftrage des Rates der Stadt von Pflegern verwaltet wurde, aber die Klagen über Geldmangel rissen nicht ab.

So mußten die Schwerkranken sich auch ihren Lebensunterhalt noch selbst erbetteln. Mit einer Klapper (ähnlich denen, die noch heute im Karfreitagsgottesdienst der katholischen Kirche benutzt werden) standen sie hinter dem Gitter des Hofes und hielten Spaziergängern und Neugierigen, die sich an diese Stätte des Grauens wagten, an langen Stangen ihre „Klingelbeutel" hin. Auch „Klingler", die ihre entstellten Gesichter verhüllen mußten, zogen bettelnd durch die Stadt. Am Karfreitag durften vier von ihnen auf der Mainbrücke Gaben sammeln. Auch die

Fremden auf den Schiffen wurden angegangen. Oft genug aber wurde auch das mühsam zusammengescharrte Geld von den Kranken und Pflegern in Alkohol umgesetzt, denn nach einem weitverbreiteten Aberglauben half ein guter Tropfen gegen die furchtbare Krankheit oder schützte vor Ansteckung.

Zu Anfang des 16. Jahrhunderts scheint die Seuche in Frankfurt und seiner näheren Umgebung bis auf wenige Einzelfälle (wir wissen aus dieser Zeit von einem aussätzigen Insassen des Liebfrauenstiftes) erloschen zu sein. Außerdem scheint den Frankfurtern die ewige Bettelei der Aussätzigen langsam auf die Nerven gegangen zu sein, obwohl der Rat gerade damals feststellte, daß die Siechen mit den zur Verfügung stehenden Mitteln nicht auskommen konnten. Deshalb wurde der Hof dem damals neu gegründeten städtischen Almosenkasten, dem die Unterstützung von „Sozialfällen" oblag, übergeben. Die Grundstücke wurden verpachtet, die Einkünfte flossen in die Kasse des Almosenkastens. Bis etwa 1619 war er noch Spital, 1664 diente er nochmals vorübergehend einigen Aussätzigen als Zuflucht.

Seine Rolle in der Geschichte Frankfurts aber hatte der Gutleuthof noch nicht ausgespielt. Bei der Belagerung Frankfurts 1552 hatten die feindlichen Heere dort weittragende Geschütze aufgestellt, die der Stadt sehr gefährlich werden konnten. Bei einem mit großem Elan vorgetragenen Ausfall gelang es, den Sperrgürtel des Feindes zu durchbrechen und bis zum Gutleuthof vorzudringen, wo den Angreifern als

willkommene Beute einige der gefürchteten Mord-
waffen in die Hände fielen. 1614 wurden Vinzenz
Fettmilch und seine Gefährten, die man in Frankfurt
verhaftet und in Ketten gelegt hatte, eine Zeitlang

Der Gutleuthof
Anonyme Bleistiftzeichnung

hier gefangengehalten, bis man den „Aufrührern"
auf dem Roßmarkt die Köpfe abschlug. Von dieser
Überführung nach dem Hof besitzen wir noch eine
zeitgenössische Zeichnung. Zwei arme Sünder werden in einer fast feudal anmutenden Kutsche trans-
portiert, dazu scheint Frankfurt einen beachtlichen
Teil seiner Streitmacht aufgeboten zu haben. Jedenfalls wimmelt es auf dem Bild nur so von Hellebar-
den, Spießen und Schwertern. Die Angst der Frankfurter Patrizier vor ein paar längst entmachteten
Aufständischen aus dem Volk gegen ihre aristokrati-
sche Herrschaft muß doch erheblich gewesen sein.

Bei den anderen zahlreichen kriegerischen Verwicklungen Frankfurts dürfte der Hof jedoch kaum
von Bedeutung gewesen sein. Am Ende der von der
Galgenwarte ausgehenden Landwehr gelegen, die
hier aus zwei Gräben bestand, war er zwar von einer
nicht allzu starken Ringmauer umschlossen, seine
beiden Tore aber, das nach der Stadt führende
Westtor und das der Galgenwarte zugekehrte Nord-
tor, sind wohl niemals bewehrt gewesen. Auch von
einem Wassergraben und Befestigungen nach der
Mainseite hin hören wir nichts.

Am 27. April 1801 brannten Stallungen und
Scheunen bis auf den Grund, das Wohnhaus bis auf
den ersten Stock ab, danach scheint die Stadtverwaltung das Interesse an dem Anwesen verloren zu
haben. Jedenfalls ließ sie nur die notwendigsten
Wiederherstellungsarbeiten ausführen und gab dann
das Gelände einem Privatunternehmer in Erbpacht.

Nur an der Kapelle, die für die Kranken 1345 eingeweiht und für die ein eigener Seelsorger bestellt worden war, und über den Friedhof, auf dem zeitweilig auch Hingerichtete und Selbstmörder beerdigt wurden, behielt sie sich die Entscheidung vor. Die inzwischen baufällig gewordene Kapelle wurde 1828 niedergelegt, einige mittelalterliche Fresken scheinen dabei achtlos zerstört worden zu sein.

1873 wurde der Hof an die Hessische Ludwigs-Eisenbahn-Gesellschaft verkauft. 1940 erwarb ein renommierter Frankfurter Großbetrieb das Gelände, der hier seine Büro- und Verwaltungsgebäude und eine Getränkeproduktion aufbaute. Eine Schänke, die sich bei Frankfurts Bürgern jahrelang großer Beliebtheit erfreute, entstand jetzt, Weinreben wurden angepflanzt, das Gelände, das Jahrhunderte lang so viel menschliches Elend gesehen hatte, wurde vor den Toren der Großstadt zu einem fast ländlichen Treffpunkt, bis die Firma Anfang der siebziger Jahre aufgelöst wurde. Erhalten sind zum Teil noch die alten Umfassungsmauern, unter wild wucherndem Gestrüpp sind noch einige Weinreben zu finden. Das Kreuz der mittelalterlichen Kirche, das noch vor einigen Jahren an die leidvolle Vergangenheit erinnerte, ist heute verschwunden. Nüchterne, moderne Zweckbauten werden bald die letzten Reste des einst weitläufigen Gutshofes überdeckt haben.

DER GOLDSTEINHOF

Der Rat der Stadt Frankfurt war zu keiner Zeit zimperlich, wenn es darum ging, einen Vorteil für die aufstrebende Handelsmetropole und ihre privilegierten Geschlechter herauszuschlagen. Auch gegenüber dem Kaiser nicht. Als Kaiser Ludwig der Bayer (1314 – 1347) in dem Ringen mit seinem Nebenbuhler Friedrich von Österreich, seinen unaufhörlichen Kämpfen mit dem Papsttum und den Reichsfürsten in schwerste Bedrängnis geriet, gelang es dem Frankfurter Stadtregiment, ein entscheidendes Privilegium nach dem anderen kaiserlicher Majestät abzutrotzen, in den untertänigsten und devotesten äußeren Formen natürlich, in der Sache selbst aber hart und unnachgiebig. Eines der wichtigsten Privilegien, das der Kaiser 1336 konzedieren mußte, war das strikte Verbot für jedermann, im Umkreis von fünf Meilen um die Stadt herum eine befestigte Wehranlage zu errichten.

Trotz dieses Befehls leistete ein Frankfurter Patrizier, gewiß zum Entsetzen und Ingrimm des Rates der Stadt, Widerstand. 1348 baute Johann

44

Der Goldstein bei Niederrad
Zeichnung eines unbekannten Künstlers (um 1820)

Goldstein zwischen Niederrad und Schwanheim auf dem Gebiete des Reichsforstes, der Frankfurt nicht unterstand, eine sehr stark bewehrte Trutzburg, stärker befestigt als die anderen Gutshöfe. Die wohl aus einem früheren königlichen Maierhof hervorgegangene „Burg Goldstein", wie sie in unseren Quellen ihrer bis zu eineinhalb Meter dicken Mauern wegen genannt wird, hätte der Stadt durchaus gefährlich werden können, wenn sich Johann mit einem Frankfurt feindlich gesinnten Nachbarn verbunden hätte. Also Fehde gegen den unbotmäßigen Erbauer, Überfall auf sein stark befestigtes „Schloß"?

Die Stadt hatte viel geschicktere und subtilere Mittel, mit einer solchen Bedrohung fertig zu werden. Bereits 1382 ist ein Teil des Hofes im Besitze des Schöffen Johann von Holzhausen und des ebenfalls „zuverlässigen" Frankfurter Bürgers Ortwin von der Ecke. Doch 1397 ist die eine Hälfte des Anwesens immer noch Eigentum der Familie Goldstein, eines Hert Goldstein. Durch ihn kam es zu einer bedrohlichen Wendung: Er wollte seinen Anteil an Philipp von Falkenstein verkaufen, den Angehörigen eines Frankfurt nicht gerade wohlgesinnten adligen Geschlechtes. Der Kaufvertrag war bereits abgeschlossen. Da erzwang Frankfurts hohe Obrigkeit den Rücktritt von dem bereits rechtskräftig gewordenen Kontrakt, denn Goldstein hatte sich einige Jahre vorher verpflichten müssen, den Hof nicht in fremde Hände gelangen zu lassen. Er scheint nach den drückenden, seine Bewegungsfreiheit einengenden Auflagen (ob er sie freiwillig unterzeichnet hat oder ob ein „sanfter" Druck auf ihn ausgeübt worden war, wissen wir nicht) die Lust an diesem Besitztum verloren zu haben. Jedenfalls verkauften er und seine Verwandten noch im gleichen Jahr „Schloß, Burg, Behausungen und was dazugehört, genannt zum Goldstein" für 800 Gulden an den Rat der Stadt. Mit den anderen Besitzern, ebenfalls „linientreuen" Frankfurter Patriziern, konnte er sich leicht einigen. Mit ihnen schloß er einen „Burgfrieden", der wohl auch die Belegung des Anwesens mit städtischen Truppen vorsah. Aber damit nicht genug. 1400 erwarb die Stadt selbst auch den Anteil der Familie Holzhausen für 1200 Gulden. Auch hier hatten Konsequenz und Zähigkeit zum Erfolg geführt.

Nun konnte man endlich die „Festung Goldstein" dem Frankfurter Landwehrsystem eingliedern, als einen ungewöhnlichen Zuwachs, weit draußen vor der Stadt. Seine Mauern waren umgeben von einem doppelten System wassergefüllter Gräben, die südlich in ein kleines Flüßchen, den Schwarzbach, einmündeten. Der Eingang war über eine Zugbrücke zugänglich, ein stattlicher, aus dem Wasser herausragender Turm bildete den Mittelpunkt der für mittelalterliche Verhältnisse wohl uneinnehmbaren Anlage. Nur niederbrennen konnte man sie. Das geschah am 3. August 1552 durch den Markgrafen Albrecht Alcibiades von Brandenburg, als dieser gezwungen war, die Belagerung Frankfurts aufzugeben.

Die Trümmer wurden nicht wieder aufgebaut. Auch eine Wasserburg bot gegenüber den inzwischen verbesserten Feuerwaffen keinen Schutz mehr. Anfang des 17. Jahrhunderts wurden die Ruinen abgebrochen, ein repräsentatives Herrenhaus wurde später wieder errichtet, 1608 kam das Gelände unter die Herrschaft von Kurmainz und zur Gemarkung Schwanheim, blieb aber Eigentum der Stadt Frankfurt. 1826 trat die Freie Stadt die Oberhoheit über den Hof gegen Kompensationen an das Herzogtum Nassau ab. Schließlich kam er Ende des 19. Jahrhunderts an einen Grafen Luckner, dessen Sohn ihn 1909 wieder an die Stadt verkaufte. Ältere Goldsteiner und Schwanheimer Bürger erzählen noch heute, daß der aus dem Ersten Weltkrieg als „Seeteufel" bekannte Graf Felix Luckner oft Goldstein besucht habe.

Von den Gebäuden aus der sogenannten „guten alten Zeit" steht nur noch das repräsentative Herrenhaus. Es wurde unter Denkmalsschutz gestellt und kürzlich verständnisvoll restauriert, als auf dem weitläufigen Gelände eine „Alten-Wohnanlage" (Appartementhäuser für ältere Mitbürger) eingerichtet wurde. Erhalten blieb ebenfalls der Innenhof in seinem früheren Umfang, eine alte Buche zeugt heute noch von den Jahrhunderten, in denen „das Schloß Goldstein" einmal die schönste Wasserburg in der Umgebung Frankfurts war.

DER HOF REBSTOCK

Außerhalb der schützenden Landwehr, etwa eine Stunde staubiger Wegstrecke von den Stadtmauern entfernt im äußersten Westen der Stadt gelegen, bildet der Belagerungsplan von 1552, der sonst alle befestigten „Außenforts" der Stadt zumindest als rauchende Trümmerhaufen aufführt, den Hof Rebstock nicht mehr ab. Spielte er in den zahlreichen Fehden und Kriegen, in die Frankfurt Jahrhunderte lang verwickelt war, keine Rolle, obwohl er auf allen Seiten von einer wehrhaften Mauer, allerdings ohne Wassergraben und Zugbrücke, umgeben war? Wahrscheinlich, die gesamte Anlage des wertvollen Gutes, von dessen Aussehen im Mittelalter und im 16. Jahrhundert wir uns durch eine Karte aus dem Jahre 1587 ein recht genaues Bild machen können, spricht dafür.

Etwa um 1300 war er Eigentum einer angesehenen Frankfurter Patrizierfamilie Rebstock, die dieses ihr Landgut nach ihrem repräsentativen, stattlichen, am Markt gelegenen Stadthaus genannt hatte. Die letzte Trägerin dieses Namens, in zweiter Ehe mit Johann

Frosch verheiratet, der ebenfalls dem Frankfurter Patriziat entstammte, vermachte den Hof ihrem Schwager Wikker Frosch, Scholastiker zu St. Stephan in Mainz und Kantor am Frankfurter Domstift. Dieser geistliche Herr, wohl einer der bedeutendsten Persönlichkeiten des Frankfurter Patriziats des 14. Jahrhunderts, hoch geehrt vom Kaiser und vielen anderen weltlichen und geistlichen Herren, verwandte sein beträchtliches Vermögen zu wohltätigen Zwecken. Er stiftete die Doppelkirche „Hl. Katharina und Hl. Kreuz", die Vorgängerin unserer heutigen Katharinenkirche (wo sich auch sein Grabdenkmal befindet), ein Frauenkloster und ein Hospital.

Als reichste und wichtigste Ausstattung schenkte er dieser seiner Gründung 1353 das Hofgut Rebstock. So kam dieses für Jahrhunderte in den Besitz des Katharinen- und Weißfrauenstiftes und seiner Rechtsnachfolger. Verwaltet wurde es durch vom Rat der Stadt eingesetzte ehrenamtliche, natürlich ebenfalls dem Patriziat angehörige Pfleger. Doch dürften diese sehr ehrenwerten und meistens redlich bemühten Männer ihres Amtes wohl nie froh geworden sein. Der lieben Nachbarn wegen.

Sehr viel zu schaffen machte ihnen der streitbare Herr von Hanau, dessen Territorium unmittelbar an den Hof grenzte. Auch üble Raubritter blieben nicht untätig. 1457 nahm Jakob von Cronberg seinem Pächter Pferde und Vieh weg, 1501 drohte der Amtmann des Mainzer Kurfürsten zu Höchst, seinen Verwalter gefangen zu setzen. 1515 wollte Philipp

Das Hofgut Rebstock im Jahre 1810
Zeichnung von Johann Georg Petsch

von Praunheim den Rebstock verbrennen, in acht Tagen sollten „weder stump noch stiel uff dem hof steen", die Mauern sollten zerstört werden. Sogar der Papst griff (1501) ein, um die Nonnen vor ihren habgierigen Nachbarn zu schützen — ausgerechnet Papst Alexander VI., der selbst in eine Überfülle weltlicher Händel verstrickt war, und der sich nicht gerade eines guten Leumunds erfreute, sich außerdem zumindest gegen den mächtigen Mann in Mainz nicht durchsetzen konnte.

Wirksame Hilfe war also nur vom Rate der Stadt zu erwarten. Da viele Angehörige des Klosters dem Frankfurter Patriziat entstammten, war dies naheliegend. Also wandten sich die „armen ergebenen Gotteskinder", wie sich die begüterten Besitzerinnen eines der ertragsreichsten Frankfurter Höfe in ihrem Schreiben zu bezeichnen pflegten, an die hohe Obrigkeit. Diese scheint in allen Fällen eine gütliche Einigung gesucht zu haben, jedenfalls hören wir nichts von kriegerischen Verwicklungen.

Um 1590 wurden die inzwischen baufällig gewordenen mittelalterlichen Wirtschaftsgebäude durch schlichte Neubauten ersetzt, 1788 baute man ein zweistöckiges Herrenhaus. Ende des 18. Jahrhunderts dürften auch die aus älterer Zeit stammenden massiven Tore, die am nördlichen und südwestlichen Ende des weitläufigen Geländes gelegen waren, erneuert worden sein. Auch die Wirtschaft gedieh prächtig, die Scheuern des Gutshofes waren bis zum Rande gefüllt mit Korn, in den Kellern lagerten große

Vorräte an Wein, bis der Dreißigjährige Krieg allem Wohlstand ein Ende bereitete. Die Pächter freilich wurden, wie dies in früheren Jahrhunderten üblich war, unter starkem Druck gehalten. Nahezu die gesamte Ernte an Korn mußten sie den frommen Stiftsdamen abliefern, dazu Wein und Holz; die Fischwasser „um und uff dem Hof", das Jagen und Fischen und andere Rechte waren den Pflegern und dem „Spital", also dem Kloster, vorbehalten.

Auch die lächerlichen und kleinlichen Querelen und Streitigkeiten mit den Nachbarn setzten sich im 16. Jahrhundert fort. Dieses Mal ging es um die Jagdrechte. Einmal wurde sogar ein Prozeß am Reichskammergericht wegen Landfriedensbruchs angestrengt. Zwei Jahrhunderte lang hat man dieserhalb prozessiert und den Streitfall doch nicht zu Ende gebracht. Zwei Frankfurter Ratsherren hatten nach Feldhühnern gejagt. Da war der Schultheiß von Griesheim mit zwanzig „mit Sturmhauben und langen Feuerröhren" ausgerüsteten Männern über sie hergefallen. Dann hatten sie Frankfurter Ratsherren, die mit ihren Frauen im Rebstock saßen, mit etwa 300 Bockenheimer und Nieder Bauern nach Bockenheim geschleppt und dort belagert.

Auch sonst hatte der Rat der Stadt mit den hochwohllöblichen Pflegern seine liebe Not. Welche Zustände inzwischen eingerissen waren, kam aber erst an die Öffentlichkeit während des Fettmilch-Aufstandes kurz vor dem Dreißigjährigen Krieg. „Mit Zechen und Bankettieren" sei von den Pflegern

„nicht gespart" worden, man habe „tapfer aufgehen lassen und nicht bedacht, daß solche Güter zu Ehren Gottes von den gottesfürchtigen Alten gestiftet" worden seien, ließ damals die „Opposition" verlauten, während der Rat nur klägliche Rechtfertigungsversuche von sich gab. Der Hof lag ja so herrlich weit entfernt von der dicht bewohnten und besiedelten Stadt. Die Herren konnten sich hier exzessiven Feiern und Festen hingeben, während zu Hause ihre Frauen in der Sorge für Küche und Keller und nicht zuletzt für die zahlreiche Kinderschar aufgingen und ein gewiß enges, aber arbeitsames Leben führten. Doch leider konnten sich Fettmilch und seine Genossen nicht durchsetzen. Nachdem das Patriziat die Herrschaft wieder an sich gerissen hatte und Fettmilch und seine Gefährten durch das Richtschwert gestorben waren, wurden selbst in der Notzeit des großen Krieges die Zustände eher noch schlimmer. Ratsherren mit dem „Frauenzimmer" wurden Jahr für Jahr zu üppigen Gelagen eingeladen, der reichlich vorhandene gute Wein floß in Strömen.

Natürlich mußte das reiche Hofgut auch fremdes Kriegsvolk anziehen. 1621, als der „wilde Christian" von Braunschweig von Tilly bei Höchst geschlagen wurde, raubten die Landsknechte dem Pächter die Pferde und anderes Vieh, auch von den Vorräten werden sie nicht viel übrig gelassen haben. Nach der Schlacht bei Nördlingen (1634) wurde der Hof wieder gebrandschatzt, 1644 hausten bayrische und kaiserliche Reiter auf dem Gut. 1645 ist verwildertes bayrisches Kriegsvolk mit Wagen und Reitern durchs Korn gezogen, „daß der 4. Teil nit stehen blieben". Das alles, obwohl die Stadt durch eigene Soldaten den Hof zu schützen suchte. Auch in den Kriegen der siebziger und achtziger Jahre des 17. Jahrhunderts litt er aufs schwerste. Besonders die Brandenburger führten sich böse auf, den Frankfurter Soldaten nahmen sie die Degen, das Wehrgehenk und Geld ab.

Das Frankfurter Militär scheint also damals nicht gerade sehr kriegerisch gewesen zu sein. Doch alles sollte noch schlimmer kommen, im Siebenjährigen Krieg, als französische Kavallerie buchstäblich fast den letzten Halm vom Feld und aus den Scheuern stahl, in den Revolutionskriegen zu Ende des 18. Jahrhunderts, als verwilderte Franzosen, Hessen und Preußen dort plünderten und raubten und sogar zwei Pfleger als Geiseln nach Paris verschleppt wurden, in den Befreiungskriegen, als wieder zuerst die Franzosen, dann die Heere der Verbündeten wie die Räuber hausten. Im 19. Jahrhundert erholte sich dann die Wirtschaft zusehends.

Noch bis zu Beginn des 20. Jahrhunderts blieben das stattliche Herrenhaus und einige Wirtschaftsgebäude erhalten. Erst als der Frankfurter Flugplatz „am Rebstock" errichtet und der Luftschiffhafen eröffnet wurde (1912), sind die Hofgebäude niedergerissen oder für die Verwaltung des „Hafens" umgebaut worden. Heute sind auch die letzten Spuren der alten Gebäude verschwunden.

Ein Ordenshaus mit Vergnügungsbetrieb

DER SANDHOF

Wechselvoll war die Geschichte der oft ansehnlichen und ertragreichen Gutshöfe in Frankfurts Gemarkung. Sie wanderten von Hand zu Hand, von einer reichen und mächtigen Patrizierfamilie zu einer anderen. Dahinter stand die Stadtverwaltung, die sie möglichst selbst in ihren Besitz brachte.

Nicht so der im Süden der Stadt, jenseits des Mains inmitten des Reichsforstes, einem urwaldartigen, sumpfigen, wildreichen Gelände, gelegene Sandhof. 1193 wird er zum ersten Mal urkundlich erwähnt. Damals schenkte Kaiser Heinrich VI. dem von seinem getreuen Reichsministerialen Kuno von Münzenberg in Sachsenhausen gegründeten Hospital das „Reichsgut am Frauenwege" („allodium nostrum in Frowenwege"). Mit dem Spital kam es 1221 an die Frankfurter Kommende des Deutschen Ordens. In dessen Besitz blieb es fast sechs Jahrhunderte (bis 1809). Wenn sich auch der sandige Boden des Hofgutes nur zu einer in großem Umfang betriebenen, im Mittelalter recht gewinnbringenden Schafzucht eignete, so brachten doch die ihm angeschlossenen Felder in Sachsenhausen und Niederrad reiche Erträge.

Geschützt wurde der Hof vor seinen Feinden durch einen breiten Wassergraben, über den eine Zugbrücke führte. Doch als die kriegerischen Deutschherren ihn mit einer Mauer umgeben wollten, erhob die Stadt Einspruch auf Grund des Privilegs, daß im Umkreis von fünf Meilen keine befestigte Anlage errichtet werden durfte. Es blieb nicht der einzige Streitpunkt. Die uns erhalten gebliebenen Akten berichten von den kleinlichsten und lächerlichsten Streitereien der adligen Ritter und der hochmögenden Patrizier, die – besonders seit der Hof mit allen seinen Besitzungen 1291 völlige Steuerfreiheit erlangt hatte – nichts Besseres zu tun hatten, als sich wegen Säuen und Schafen herumzuzanken und mit den Frankfurter Metzgern sich herumzubalgen, die sich um ihre Weiderechte im Stadtwald betrogen glaubten.

Bei der Belagerung Frankfurts 1552 war das Gut noch einigermaßen glimpflich davongekommen. Doch als die Belagerer abziehen mußten, steckte der gewalttätige Markgraf Albrecht Alcibiades von Brandenburg-Kulmbach auch ihn in Brand. 1633 vergab der Schwedenkönig Gustav Adolf, der die Besitztümer der katholisch gebliebenen Orden und Stifte enteignet hatte, ihn an Johann Adolf von Holzhausen, doch wurde er nach dem Prager Frieden (1635) seinem früheren Besitzer zurückgegeben.

Etwa um 1750 errichteten die kunstsinnigen und

Der Sandhof
Nach der Natur gezeichnet von F. J. Morgenstern (ca. 1810).
Gestochen von J. G. Reinheimer

begüterten Deutschritter ein prächtiges Herrenhaus. Initiatoren des aus rotem Mainsandstein erbauten feudalen Spätbarockbaues waren der Deutschmeister und spätere Kurfürst von Mainz Franz Ludwig von Pfalz-Neuburg (1694 – 1734), besonders aber der Herzog Clemens August von Bayern, Kurfürst von Köln, von 1732 bis 1761 Hoch- und Deutschmeister (der auch die Frankfurter Deutschordenskirche barockisierte und das Deutschordenshaus erbaute). Entstanden war (in der Endphase) ein geschmackvoll gegliedertes Schloß mit zwei zweistöckigen Flügeln und hohem Mansardendach, der Verbindungsflügel war etwas niedriger gehalten und mit einem Satteldach bedeckt, über dem Tor war ein Balkon aus schmiedeeisernem Gitter angebracht worden. Besonders der Torbau war ein Meisterwerk.

Inzwischen aber hatte sich der Deutsche Orden wesentlich gewandelt. Der zunehmende Reichtum hatte zu einer immer stärkeren Verweltlichung geführt, während die Aufgaben und idealen Ziele, für die er einst gegründet wurde, längst entschwunden waren. Das wirkte sich natürlich verhängnisvoll aus. Auch auf den Sandhof. Er wurde, weit entfernt von der Innenstadt und der Kontrolle des (wenigstens nach außen hin) sittenstrengen Rates weitgehend entzogen, zu einer Art Vergnügungsetablissement. 1705 fand hier ein großes Wettschießen statt, zu dem ein silberner Becher und ein ganzer Ochse als Preise gestiftet worden waren. Tausend Bratwürste und „zwei Stück Wein" gingen an diesem ausgelassenen

Festtag drauf, wie der Garkoch berichtete. Die gestrengen Herren der Stadtverwaltung aber zogen ihre Stirnen in höchst mißbilligende Falten. Der Koch wurde sogar bestraft, weil er ohne Genehmigung des Senats so viel Wein ausgeschenkt hatte. Auch von einem Spielsaal hören wir beiläufig.

Zu Ende des 18. Jahrhunderts, als durch die Französische Revolution und die Revolutionskriege sich manche Bande gelockert hatten, scheint das Hasardspiel, das damals auch in den Hinterstuben vieler Kneipen betrieben wurde, überhandgenommen zu haben. Kein Geringerer als Goethe berichtete darüber in seiner „Schweizer Reise" am 19. August 1717 aus seiner Vaterstadt: „Auf dem Sandhofe, auf deutschherrischem Grund und Boden, hat man eine kostbare Anstalt einer neuen Wirtschaft errichtet, die gestern mit hundertdreißig Couverts eröffnet worden (ist) ... Dabei ist alles zuletzt aufs Spielen abgesehen ... Es gehört diese Seuche mit unter die Begleiter des Krieges, denn sie verbreitet sich am gewaltigsten zu den Zeiten, ... wenn der Gang der öffentlichen Angelegenheiten schnellen Gewinn und Verlust ... erwarten läßt". Also nicht nur die Patrizier, sondern auch Frankfurts berühmtester Patriziersohn zog seine Denkerstirn in mißbilligende Falten. Was er allerdings von den geistlichen Herren mit den weiten Gewissen dachte, die offenbar vom Beten und anderen frommen Übungen nicht mehr sehr viel hielten, dafür aber mehr von dem Grundsatz römischer Cäsaren „pecunia non olet" (Geld stinkt nicht), und die ihre Besitzung für Frankfurts Jeunesse dorée weit öffneten, hat uns der Olympier leider nicht gesagt.

Diesem ausgelassenen Treiben machte in Frankfurts „Franzosenzeit" erst der Fürstprimas Carl von Dalberg ein Ende, der die enteigneten Besitzungen des Deutschen Ordens versteigern ließ. Den Zuschlag für den Sandhof erhielt der Bankier Simon Moritz von Bethmann, der auch einen Teil des nahen Waldes erwarb, der nach seiner Gattin Luisa genannt wurde. 1813, als infolge des Krieges der Typhus ausbrach, der auch in Frankfurt viele Einwohner dahinraffte, wurde der Hof vorübergehend Seuchenlazarett. Nach den Befreiungskriegen wurde er an den Orden restituiert. Der alte Vergnügungsbetrieb wurde allmählich wiederaufgenommen, doch von Glücksspielen hören wir nichts mehr. Als die Stadt 1884 den Hof erwarb und drei Jahre später dort ein Armen- und Siechenhaus eröffnete, verklangen Tanz und Saitenspiel endgültig. Am 22. März 1944 fielen auch seine Gebäude den Bombenangriffen zum Opfer. Nach dem Kriege unter großen Kosten restauriert, wurden sie in den weitläufigen Komplex der Städtischen Krankenanstalten einbezogen, dann aber vor einigen Jahren leider abgerissen.

In der Gerbermühle wurde Kupferfarbe vermahlen

DER STRALENBERGER-ODER WASSERHOF

Der Frankfurter Volksmund mit seinem frechen, aber ebenso oft ironisch-treffendem Witz nannte ihn den „Wasserhof", das in Oberrad in der Nähe des Mains gelegene stattliche Stralenberger Gut. Denn wo heute sich verkehrsreiche, gut ausgebaute Fernstraßen hinziehen, erstreckte sich in früheren Jahrhunderten ein weitläufiges sumpfiges Gelände. Ein Eldorado für Wildgänse und Enten, Störche und anderes Getier, doch verlassen und unheimlich für die wenigen Bewohner des armseligen kleinen Dörfchens Oberrad, die sich in dem von vielen Wasseradern durchzogenen Gelände vom Fischfang kärglich ernährten.

Besitzer dieses ländlichen Anwesens war die besonders in Hessen weitverzweigte und mächtige Familie der Reichsministerialen von Münzenberg, die 1311 eine Frankfurter Familie von Ovenbach damit belehnten, wobei das Erbrecht an diesem Hof – curia ... sita in villa Roden (dem Dorf Oberrad) prope Frankenvort – auch auf die weiblichen Nachkommen ausgedehnt wurde. Ausgeschlossen

Der Stralenberger- oder Wasserhof
Fotografie aus dem Anfang des 20. Jahrhunderts

davon waren nach den überstrengen Gesetzen dieser Feudalzeit unehelich Geborene, auch wenn sie durch eine spätere Ehe legitimiert wurden, Juden, Geistliche, körperlich Gebrechliche sowie Blinde und Stumme. Eine andere Bestimmung dagegen berührt uns heute wesentlich sympathischer: Die Erträgnisse des Gutes sollten den Lebensunterhalt der unverheirateten Töchter der Lehensträger sicherstellen. Diese humanitäre Aufgabe hat es dann als sogenanntes Frauen- oder Kunkellehen jahrhundertelang erfüllt.

Nun geschah das übliche: das Besitztum wanderte durch Erbrecht von Hand zu Hand, Anfang des 16. Jahrhunderts kam es an die Kinder von Heilmann Stralenberg, und dieser Name setzte sich schließlich offiziell durch. Als Stralenberger Hof ist er in die Frankfurter Geschichte eingegangen. Die nächste Erbfolge (1601) ließ allerdings den stolzen, sich ihrer Macht und ihres Reichtums nur allzu bewußten Herrn im Römer den Atem stocken: Frankfurts „Erbfeind", der mächtige Kurfürst von Mainz, riß das Gut an sich. Nun war geschehen, was Frankfurt bei allen seinen befestigten Gutshöfen immer wieder mit Geschicklichkeit, mit legalen und gelegentlich auch mit Maßnahmen „ein wenig außerhalb der Legalität" verhindert hatte. Würde jetzt Mainz in diesen unruhigen Zeiten ein starkes Truppenkontingent in diesen durch einen breiten Wassergraben und das sumpfige Gelände glänzend geschützten, nur ein paar Kilometer von der Stadtmauer entfernten Hof legen und durch diesen „Pfahl im Fleische" die

Bewegungsfreiheit des Rates der Stadt einengen? Nichts geschah. Zwar marschierten ein paar Jahre später Kurmainzer Soldaten mit klingendem Spiel in Frankfurt ein, als die Rädelsführer des Fettmilch-Aufstandes auf dem Roßmarkt durch das Schwert hingerichtet wurden, aber die Chance, den Stralenberger Hof zu besetzen, hat der Mainzer Gegner niemals wahrgenommen.

Rund eine Generation später (1636) erloschen die Stralenberger im Mannesstamm, die letzten Stralenbergerinnen, reiche Erbinnen, heirateten natürlich wieder in das Frankfurter Patriziat ein, Anna Kunigundes Tochter in die Familie von Holzhausen, Anna Margaretha in die Sippe derer von Humbracht. Seit dieser Zeit zerfielen Generationen lang die Erben in einen holzhausenschen und einen humbrachtschen Stamm. 1803 fiel es endlich, nachdem Kurmainz durch Napoleon aufgehört hatte zu existieren, durch den Reichsdeputations-Hauptschluß an die Stadt Frankfurt zurück. Die Besitzer des Lehens verpachteten es 1893 auf 99 Jahre, von 1898 an gerechnet, ebenfalls an die Stadt.

Wer heute die Akten über den Stralenberger Hof durchsieht, kommt aus dem Staunen und Verwundern nicht heraus. Ein weitläufiges Gelände vor den Toren Frankfurts wird noch nach mittelalterlichem, höchst kompliziertem und für unsere Zeit natürlich völlig anachronistischem Lehensrecht verwaltet. Noch 1900 stellt ein hochgelehrter Herr, Dr. Heinrich von Nathusius-Neinstedt, seines Zeichens

Die Gerbermühle
Nach einem Aquarell von Theodor Reiffenstein

Bibliothekar der Frankfurter Stadtbibliothek, zu Nutzen und Frommen derer von Holzhausen und von Humbracht und ihrer zahlreichen Nachkommen, deren Genealogie der bienenfleißige Mann im Anhang noch hinzufügt, die Rechte und Pflichten der Stadt und der „Lehensberechtigten" in einer Schrift zusammen. Da das bürgerliche Gesetzbuch einen solchen Fall nicht behandelt und auch in Frankfurt keine Gesetze darüber bestehen, muß er auf das „Corpus juris feudalis" (das Gesetzbuch des Feudalrechtes) zurückgreifen. Bis schließlich der Tod des letzten Lehensträgers 1923 diesem lächerlichen Spuk ein Ende macht.

Anfang des 20. Jahrhunderts überließ die Stadt den Wasserhof, wie er heute allgemein heißt (der Name „Stralenberger Lehen" ist nur noch einigen Historikern bekannt), den Vereinen für Geflügelzucht, die Mai 1909 einen Mustergeflügelhof eröffneten. Seitdem haben bis in die jüngste Zeit hinein hier Ausstellungen und Wettbewerbe stattgefunden. Dem Bombenhagel des Zweiten Weltkrieges fielen auch die Gebäude, die wohl nur ökonomischen Zwecken und als Wohnungen für Gutsverwalter und anderes Personal gedient hatten, wie der etwa um 1790 errichtete Hauptbau, zum Opfer.

Wenig bekannt dürfte es sein, daß auch einmal die Gerbermühle zu dem Stralenberger Lehen gehört hat. Sie war die Mahlmühle des Gutshauses, wahrscheinlich hat das Mühlenhaus in früheren Jahrhunderten direkt am Main an der Mündung eines

Flüßchens gelegen. Lange Jahre hindurch war sie vermietet, im 17. Jahrhundert wurde dort Kupferfarbe vermahlen. 1688 wurde sie an eine Gerberfamilie aus Lothringen verpachtet, seit dieser Zeit führt das Anwesen, das von schönen alten Bäumen umgeben war, den Namen Gerbermühle, 1785 ließ sich hier der Frankfurter Kaufmann Johann Jakob von Willemer nieder, der sie als Sommerresidenz einrichtete. Weltbekannt wurde sie durch die Besuche Goethes, der auch seinen 66. Geburtstag auf diesem behaglich eingerichteten ländlichen Anwesen feierte, mehr noch durch die letzte große Liebe des alternden Dichters zu Marianne von Willemer, die mit einem schmerzlichen Verzicht endete und die im „West-Östlichen Diwan" ihren Niederschlag gefunden hat.

Nur noch ein Brunnen kündet vom Schloß
in Sachsenhausen

DER RIEDHOF

Bruchstückhaft und unzuverlässig, widersprüchlich und ungenau sind oft genug die historischen Nachrichten, die aus dem Mittelalter auf uns gekommen sind. Nur bei den Urkunden betreten wir meist sicheren Boden. Sie wurden, wenn sie etwa in einer Großstadt den Verkauf eines Hauses, eines Gutes, das Erbrecht, Zinsen und Gefälle betrafen, sorgfältig aufbewahrt, oft jahrhundertelang. Später wurden diese unansehnlichen, durch den Gebrauch meistens fleckig und schmutzig gewordenen abgegriffenen Privaturkunden aus Pergament und Papier in Archiven gesammelt. Darüber hinaus sind wir vielfach auf Zufälle angewiesen.

So auch bei dem Riedhof an der Mörfelder Landstraße in der Nähe des Stadtwaldes. Er muß schon eine Zeitlang vor 1366 bestanden haben, doch erst in diesem Jahr hören wir von dem stattlichen Gut, das einst wohl aus Rodungen im Stadtwald entstanden ist, und dessen aus fruchtbarem Mainschlamm nach Trockenlegung eines sumpfigen Mainarms entstandene Felder reichen Ertrag abwarfen. Damals gärte es wieder einmal in Frankfurt, die Zünfte erhoben sich gegen das patrizische Stadtregiment. Einer der Anführer der Rebellen war ein reicher Wollweber Endres (Andreas) Heilgeist. Dieser besaß den Riedhof als kaiserliches Mannslehen. Als die Herren im Rathaus den Aufstand niedergeschlagen, Heilgeist seine Vaterstadt fluchtartig verlassen hatte, entzog ihm Kaiser Karl IV. das Lehen. Er verlieh es an seinen Günstling Siegfried zum Paradies aus Marburg, dem um die Stadt Frankfurt hochverdienten hervorragenden Bürger, Diplomaten und Unterhändler, der das Amt des Stadtschultheißen erwarb, und dem sie den Besitz des Stadtwaldes verdankt. Freilich mit der Einschränkung, daß erst nach Verurteilung Heilgeists die Übertragung des Lehens wirksam werden solle. Doch da unmittelbar nach der Flucht seine Güter beschlagnahmt wurden, kam Siegfried sehr rasch in den Besitz des Hofes. 1372 erteilte ihm der Kaiser außerdem noch das Recht, sein Vieh im Stadtwald weiden zu lassen und sich wöchentlich ein Fuder Holz dort zu schlagen. Wer heute diese Notiz liest, wird um die Frage nicht herumkommen, ob denn ein Kaiser damals nichts Wichtigeres zu tun hatte, als sich höchstpersönlich um weidende Schweine, Ochsen und Schafe im Stadtwald und um Brennholz zu kümmern.

Die Nachkommen des Siegfried zum Paradies, die ohnehin begütert genug waren, scheinen kein großes Interesse an dem Besitz gehabt zu haben. 1407 jedenfalls erscheint plötzlich die junkerliche Familie

Der Riedhof in der Mörfelder Landstraße
Bleistiftzeichnung (19. Jh.)

von Praunheim als Lehensträger, die den Hof aber auch zur Bebauung weitergab. Rund vier Generationen später (1531) hob Kaiser Karl V. das Lehen im Austausch gegen den der Familie von Praunheim gehörenden Freihof in Niederdorfelden auf und übertrug ihn an Heilmann von Praunheim als freies Eigentum. Dieser scheint nur darauf gewartet zu haben, um mit dem inzwischen sehr heruntergekommenen („in Abfall und Verwüstung gekommenen") Gut ein lukratives Geschäft zu machen. Er verhandelte mit der Stadt über einen Verkauf. Aber er starb während der Verhandlungen, erst seinem Sohn glückte der Handel. Für die respektable Summe von 1550 Gulden (1000 Gulden in Gold und 550 in Frankfurter Münze) verkaufte er ihn 1533 an die Stadt, die ihn durch Pächter bewirtschaften ließ.

Über das Aussehen des Hofes im Mittelalter können wir nur Vermutungen anstellen. Überliefert ist uns ein Aquatintastich des Malers Johann Georg Petsch (1774 bis 1824), der (wohl 1805) nach einer älteren Vorlage das nach seiner Zerstörung (1552) durch den Markgrafen Albrecht Alcibiades von Brandenburg wieder aufgebaute Gut darstellt. Danach hat später Theodor Reiffenstein den früheren Zustand rekonstruiert. In der Mitte des damals wohl noch sehr viel kleineren Anwesens stand ein größeres Herrenhaus mit einem nach Westen vorspringenden Treppentürmchen. Ein zweiter größerer Bau befand sich an der Westseite, das Ganze war von einem Wassergraben umschlossen. Auf der Südseite führte

Der Riedhof
Nach einem Foto von 1915

eine steinerne Brücke zum Eingang. 1673 läßt Marschall Turenne zusammen mit den Dörfern Nieder- und Oberrad auch den Riedhof in Flammen aufgehen. Dann hören wir lange nichts mehr von ihm.

Gegen Ende des 18. Jahrhunderts versuchte die Stadt, den ihr lästig gewordenen Hof zu parzellieren und die einzelnen Grundstücke an Bauern zu verkaufen. Fast ohne Erfolg. Dem Rat der Stadt kam es daher sehr gelegen, daß sich einer der angesehensten und reichsten Frankfurter Bürger für das heruntergewirtschaftete und unverkäufliche Gut interessierte, der Bankier Simon Moritz von Bethmann. Er ließ, als es 1804 endgültig in seinen Besitz übergegangen war, die alten Gebäude abreißen und einen prunkvollen, künstlerisch vollendeten Neubau errichten. Beauftragt wurde damit (wie wir erst seit 1909 wissen) einer der bedeutendsten Architekten seiner Zeit, der Franzose Salins de Montfort. Er gestaltete etwa 1815 ein feingegliedertes, nach Süden zu sich öffnendes Achteck, in dessen Hintergrund sich das von der Straße aus sichtbare klassizistische schloßartige Herrenhaus erhob. Das Hauptgebäude war mit einem flachen Walmdach versehen und von einem viereckigen Uhrtürmchen gekrönt. Eine monumentale Freitreppe führte zum Erdgeschoß. In der Mitte des Hofes schuf er, die gesamte Anlage im kleinen wiederholend, eine geräumige Pferdeschwemme mit einem Brunnenstock, dessen Wasser drei Tröge speiste und dessen bronzene Ausflüsse von meisterhaft gestalteten stilisierten Schwanenhälsen und

-köpfen gebildet wurden. Schloßartig war auch das Innere gestaltet, besonders der Festsaal. Dieser war im Stile des beginnenden 19. Jahrhunderts bemalt (ein Teil dieser Malerei wurde allerdings bei einer Restauration im Jahre 1919 zerstört) und von einer von Säulen getragenen Empore gekrönt.

Aber auch die Nachkommen Simon Moritz von Bethmanns verloren anscheinend bald das Interesse an ihrem Landsitz. Jedenfalls verwahrloste er mehr und mehr. 1941 kaufte ihn die Stadt zurück, Spreng- und Brandbomben zerstörten ihn 1943 und 1944. Obwohl die Fassade des Herrenhauses im wesentlichen erhalten geblieben war, wurde er 1971 abgebrochen.

Die Zerstörung dieses für Frankfurt einzigartigen Schlosses können wir heute nur zutiefst bedauern. Im Weichbild der Stadt gelegen, wäre es auch für jeden Fremden leicht erreichbar gewesen. Gewiß, die sich rasch ausdehnende Stadt brauchte Baugelände, aber mußte dieser Notwendigkeit unbedingt der Riedhof geopfert werden, dessen Festsaal man ebenfalls hätte restaurieren und bestens nutzen können? Die Erinnerung an das Empire-Schloß im Stadtwald wird wohl sehr bald ganz verschwunden sein. — Heute kündet nur noch ein alter Sandsteinbrunnen, der „Riedhofbrunnen", wenige Meter von der Mörfelder Landstraße entfernt, von einem der schönsten Gutshöfe, die Frankfurt einmal besessen hat.

DER SEEHOF

Würden sich unsere Eltern und Großeltern im heutigen Frankfurt noch zurechtfinden? In der Anhäufung von Hochhäusern und seelenlosen, nüchternen Zweckbauten, zumindest in der Innenstadt? Wo doch unsere Vorfahren gewohnt waren, jedes Haus, auch wenn es „nur" geschäftlichen Zwecken diente, stilvoll zu verzieren und künstlerisch zu gestalten? Oder gar in der weiteren Umgebung der Innenstadt, die noch bis ins 19. Jahrhundert vielfach ihren urwüchsigen Charakter bewahrt hatte. Nur einige Gutshöfe waren hier im Laufe der Jahrhunderte errichtet worden, von ihnen sind jedoch heute nur noch wenige Spuren vorhanden, meist sind sie völlig ausgelöscht worden.

Bestes Beispiel ist hierfür der Seehof, einst zwischen Sachsenhausen und Oberrad, südlich der Offenbacher Landstraße gelegen. Die Seehofstraße hat seinen Namen überliefert, sonst ist nur wenig von ihm bekannt. Der Historiker, der heute ein lebendiges Bild von dem einst bedeutenden Gut und seinem emsigen Leben und Treiben auf seinen Feldern

78

zeichnen will, muß mühsam einige Notizen, wichtige und zufällig erhalten gebliebene, zusammentragen.

Die älteste Nachricht von ihm erhalten wir erst durch eine Urkunde vom 23. Mai 1283. An diesem Tag verkaufen Ripertus von Sachsenhausen und die Witwen seiner beiden Brüder ihren Fischteich am Fersbrunnen („Vivarium seu lacum apud fontem dictum fersburne situm") an die Deutsch-Ordensherren in Sachsenhausen. Am 7. Juni 1288 übergibt König Rudolf von Habsburg den „Fischteich in Bersvelt" („piscinam sive lacum sitam in Bersvelt"), den Ripertus bisher als Reichslehen besessen und auf das er verzichtet hatte, den Ordensleuten. Die weltklugen geistlichen Herren, in deren Besitz das Hofgut jetzt jahrhundertelang blieb, verstanden ihr Geschäft. Die Fischteiche warfen reichen Gewinn ab, die zu dem Gut gehörende Hohenrad-Mühle ebenfalls. Diese Mühle war noch im 19. Jahrhundert in Betrieb. Der Fernborn speiste einen See, aus ihm floß das Wasser in einen künstlichen Mühlgraben zur Mühle, von dort aus über die Offenbacher Straße quer durch einen Sumpf in den Stadtgraben. Der Fersbrunnen gehörte der Stadt, er war sorgfältig ummauert.

Die Deutschherren verpachteten das weitläufige Gelände, das Korn und Wein trug. Noch heute kündet das Ackerbuch des städtischen Kornamtes von 1728, das übrigens eine sehr sorgfältige Skizze des Hofes enthält, von dem damaligen Reichtum, der im wesentlichen den Besitzern zugute kam, während,

Der Seehof
Nach einer alten Fotografie

der Sitte der Zeit entsprechend, die Pächter mit einem armseligen Deputat „entlohnt" wurden. Zwei bescheidene Gebäude, der große und der kleine Seehof, wurden am unteren Ende des Sees errichtet, das kleinere fiel erst in diesem Jahrhundert der Spitzhacke zum Opfer.

Am 9. August 1552 wurde er von dem markgräflichen Mordbrenner Albrecht Alcibiades von Brandenburg bei der Aufhebung der Belagerung Frankfurts ebenso wie der Sand- und der Riedhof angesteckt. Auf dem Belagerungsplan ist nur die in Brand gesteckte Mühle mit einer mächtigen Rauchwolke zu sehen. Es ist dies die einzige Nachricht für lange Zeit. Gerne wüßten wir, was mit dem Seehof geschehen ist, als in der Reformationszeit der Mob der Straße gegen die reichen Klöster und Stifte, besonders gegen die Deutschherren, randalierte (1525), ebenso gerne, was der Schwedenkönig Gustav Adolf, der das Kirchengut damals an seine Anhänger freigiebig verteilte, mit ihm gemacht hat.

Aber darüber schweigen unsere Quellen.

„Fündig" wird der Historiker erst wieder gegen Ende des 17. Jahrhunderts. Am 27. Mai 1690 gibt der Rat der Stadt „Unseren Burgern, Beysassen, auch sonsten jedermänniglichen zu wissen", daß auf dem Seehof verbotswidrig Alkohol ausgeschenkt werde, daß Fuhrleute sogar dort einzukehren und zu übernachten pflegten. Er befahl deshalb in strengem, autoritärem Ton „unseren Burgern . . ., Christen und Juden, insonderheit aber den Fuhrleuten", dies künftig zu unterlassen, „bey unausbleiblicher schwerer Geld- auch anderer Straff – Wornach sich ein jeder zu richten und vor Schimpff und Schaden zu hüten wissen wird". Die Verordnung des hochwohllöblichen Rates wurde am 12. Juli 1703 erneuert, nicht ohne daß die Summe des Bußgeldes genannt wurde, zwanzig Thaler, „wovon allezeit die Helffte deme der solches anzeiget gereichet werden solle". Man sieht, Denunziantentum war auch damals schon ein einträgliches Geschäft!

Als durch die Säkularisation (1803) auch der Seehof in städtischen Besitz überging, vergab der Fürstprimas von Dalberg das Gut, zu dem damals beinahe fünfzehn Morgen Land gehörten, und die Hohenrad-Mühle in Erbbestand. Als die rheinbündische Zeit für Frankfurt mit dem Sieg über Napoleon zu Ende ging, wurde er dem restituierten Orden zurückgegeben. Nachdem 1842 die Stadt schon das Obereigentum über ihn erworben hatte, kaufte sie 1852 auch das Nutzungseigentum des Hofes und der Mühle für vierzigtausend Gulden an, um seine Quelle für die neue städtische Wasserleitung zu nutzen. Mit deren Bau wurde 1856 begonnen, 1859 sprudelte das kristallklare saubere Quellwasser zum ersten Mal aus den Röhren.

Frankfurts Kriminalakten berichten 1856 von einem großen Brand auf dem Hof. Die Scheune stand in hellen Flammen, Säcke mit Korn, die noch auf einem Wagen lagerten, verbrannten. Es wurde Brandstiftung vermutet, und selbstverständlich war bald ein Schuldiger gefunden, ein entlassener Knecht, Friedrich Frickel aus Lieblos. Dieser arme Teufel, sofort verhaftet, später wieder freigelassen, da nichts Verdächtiges bei ihm gefunden worden war, schwur Stein und Bein zusammen, daß er mit der ganzen Sache nichts zu tun habe, und brachte ein durch Zeugen abgestütztes Alibi für die Tatzeit herbei. Das „Peinliche Verhör-Amt" zog offenbar gegenüber dem gewitzten Burschen den kürzeren ...

Die „Frankfurter Nachrichten" brachten in ihrer „Extrabeilage", die neben vielem anderen tiefe, devote Verbeugungen vor großen, mächtigen und einflußreichen Herren, auch allen Klatsch der „Kleinstadt" Frankfurt verzeichnete, 1857 die „Aufsehen erregende" Mitteilung, daß auf dem Seehof bei Grabungen nach Wasser „sehr merkwürdige Überbleibsel urweltlicher Thiere" aufgefunden wurden. Backenzähne von vier bis acht Zoll Durchmesser, Hörner, Knochen und vier Stoßzähne, „letztere gehören der Thierklasse des Mammuth oder urweltlichen Elephanten an". Bei anderer Gelegenheit stieß man auf den „Stoßzahn von Mastodon giganteus, 7 Fuß lang und 72 Pfd. schwer sowie ein Schädelstück mit einem $2^{1}/_{2}$ Fuß langen Horn" und auf Rippen, Hauer und Wirbel. Alle Entdeckungen wurden sehr sorgfältig gesammelt und dem Senckenbergischen Museum überwiesen.

DIE GÜNTHERSBURG

Wer von all den Frankfurtern, die im Günthersburgpark mit seinen gepflegten Anlagen, seinem schönen
Baumbestand, seinen Bänken Ruhe und Erholung
suchen, mag wohl wissen, daß er sich auf geschichts-
trächtigem Boden befindet? Daß römische Koloni-
sten hier einmal eine Villa erbaut haben, in einer
Zeit, als dieses fruchtbare Fleckchen Erde am äußersten Ende ihres Weltreiches lag, daß auf seinem
Grund und Boden Ritter gewohnt haben und ein
herrliches Schloß gestanden hat? Von all den Herr-
lichkeiten ist heute nichts mehr vorhanden, alles
haben Unverstand und mangelnder Sinn für das
Schöne und Wertvolle sinnlos vernichtet. Nur der
Name Günthersburgpark hält noch die Erinnerung
wach.

Im Mittelalter dürfte er wohl lange Jahre Sitz eines
ritterlichen Geschlechtes, der Herren von Bornheim,
gewesen sein. Wohl damals schon mit Wall und
Graben umgeben, hätte die „Bornburg", in unseren
Quellen Ossenau (Ochsenau) genannt, den Frankfurtern gefährlich werden können, doch ist uns über

Das Haus auf der Insel bei der Günthersburg

ernsthafte kriegerische Zusammenstöße nichts bekannt. Urkundlich hören wir verhältnismäßig spät von ihr. 1306 ist der Hof im Besitze von Rulmann Weiß von Limburg. Als dieser 1327 das begehrte Schultheißenamt in Frankfurt erhält, siedelt er sich nicht innerhalb der engen, bedrückenden Stadtmauern an, sondern bleibt in der damals noch ländlichen Gegend „autzer der Stadt auf seinem Guth bei Bornheim" wohnen. Doch schon 1397 ist ein Frankfurter Patrizier, Junge Wisse, in seinem Besitz. Er muß dem Rat der Stadt gegenüber die übliche Verpflichtung eingehen, es nicht in fremde Hände gelangen zu lassen und es für Frankfurter Truppen stets offen zu halten. Gegen diese Verpflichtung verstößt sehr zum Mißvergnügen des Rates in eklatanter Weise einer seiner Nachfolger. Er verpfändet den Hof für 300 Gulden ausgerechnet an Frankfurts alten Gegner, den Erzbischof von Mainz. Als der Frankfurter seine Schulden nicht zurückzahlen kann, versucht der geistliche Herr, den Hof in seinen Besitz zu bringen, und die Stadt muß dem Schuldner mit den schärfsten Zwangsmaßregeln drohen. Endlich zahlt er, die ernste Gefahr für die Stadt wird in letzter Minute abgewendet.

1490 erwarb Johann von Glauburg zu Lichtenstein das Gut, seitdem bürgerte sich für rund 200 Jahre der Name „Glauburger Hof" ein. 1552 wird er bei der Belagerung Frankfurts niedergebrannt, und seine Felder werden verwüstet. Doch dann gerät er 1690 in die Hände eines skrupellosen Geschäftemachers und

Spekulanten, eines Herren Johann Jakob Günther, seines Zeichens „kaiserlicher Kriegskommissar". Vom kleinen Wirt und „Gasthalter" durch gewinnbringende Lieferungen an kriegsführende Mächte zu Reichtum gekommen, reißt er einige Frankfurter Gasthöfe an sich, darunter das „Rote Haus" auf der Zeil (wo heute das Hauptpostamt steht), damals das vornehmste, prächtig ausgebaute Hotel in der Stadt, in dem Fürstlichkeiten und andere hochmögende Herren verkehren. Von dem Patrizier Johann Christian Banz von Eyßeneck erwirbt er für den lächerlichen Preis von 5700 Gulden die Burg, selbstverständlich nennt er sie jetzt die „Günthersburg". Die alten, nach dem großen Brand längst wiedererrichteten Gebäude benutzt er dazu, Truppen einzulagern, um sie so der Aufmerksamkeit des Rates zu entziehen. Zuletzt hat der Spekulant großes Pech, die hochadligen Geschäftspartner Günthers erweisen sich als Gauner, er verliert sein ganzes Vermögen, darunter auch die Günthersburg. Bei seinem Tode (1722) ist er bettelarm, um seinen Nachlaß wird noch lange prozessiert.

Die Günthersburg will (wohl aus der Konkursmasse) der Fürstabt von Fulda erwerben, doch der Rat verweigert seine Zustimmung. 1766 gehen der Hof und das weitläufige Gelände an den Bauspekulanten Johann Georg Petsch über, von ihm zehn Jahre später an die Frau des Generals von Wimpfen, geb. Goy. In den Befreiungskriegen wird er Lazarett für preußische Verwundete, der Ratsherr Johann

Die Günthersburg
Federzeichnung von L. Böttcher (1914). Nach C. G. Schütz (1826)

Adam Beil verkauft 1837 Burg und Ländereien an den Freiherrn Karl Meyer von Rothschild. Damit kommen sie endlich wieder in die Hände einer Familie, die aus ihr etwas zu machen versteht. Er beauftragt den Stadtgärtner Sebastian Rinz, dem Frankfurt seine Anlagen auf den früheren Stadtbefestigungen verdankt, Wiesen und Äcker in einen prächtigen Park zu verwandeln. Sein Sohn läßt die inzwischen baufällig gewordene Günthersburg abreißen und an ihrer Stelle ein Schloß erbauen. Doch die Rothschilds, die ja u. a. ein repräsentatives Stadthaus besitzen, scheinen bald das Interesse an ihrem Besitz verloren zu haben. Jedenfalls ging 1891 das ganze Gelände in das Eigentum der Stadt über, die schmuckvolle Rothschildsche „Sommerresidenz" wurde abgerissen, nur die Orangerie blieb erhalten, der Park wurde ein wenig später der Öffentlichkeit zugänglich gemacht.

DER HELLERHOF

300 Meter nördlich der Galluswarte, etwa zweieinhalb Kilometer von der Stadtmauer entfernt und unmittelbar an der Landwehr gelegen, die an seiner westlichen Front entlanglief, fügte sich der Hellerhof äußerst günstig in die Vorfeldverteidigung der Stadt ein. Umschlossen war er von einer wehrhaften Mauer und höchst wahrscheinlich auch von einem Wassergraben. Seine östliche Ecke grenzte an den etwa 220 Meter langen und zirka 40 Meter breiten Wolfsee, an den heute jede Erinnerung geschwunden ist. Auf dem Belagerungsplan von 1552, der ältesten Abbildung, die wir von dem Hof besitzen, fällt ein außergewöhnlich hoher Schornstein auf, der von einem Satteldach emporsteigt.

Diesen Hof brauchte die Stadtverwaltung allerdings nicht in ihren unmittelbaren Besitz zu bringen. Ihn kaufte 1453 für 1475 Gulden der angesehene Frankfurter Patrizier Jakob Heller (gestorben 1468), der Onkel des wohl größten Sohnes dieses Geschlechts gleichen Vornamens, dem Frankfurt den Helleraltar von Albrecht Dürer und die nicht minder

Der Hellerhof um 1880
Nach einem Foto von C. F. Mylius

berühmte Kreuzigungsgruppe von Hans Backoffen verdankt. Auch über die Vorbesitzer des Gutes können wir einiges ermitteln: 1379 wird es zum ersten Mal als Virneburger Hof urkundlich erwähnt, 1419 geht es an Johann von Breidenbach über. Als dessen Erben den wertvollen Besitz, zu dem damals 400 Morgen Äcker und Wiesen gehörten, an Jakob Heller den Älteren verkauften, bürgerte sich der Name „Hellerhof" ein.

Nach dem Aussterben der Familie Heller (Jakob Heller der Jüngere starb 1522) wechselte er erneut den Besitzer, 1688 kam er an Johann Hektor von Holzhausen als Erbteil seiner Frau Anna Margaretha Kellner. Diese Familie verkaufte ihn 1873 wieder zu gewerblicher Nutzung. Bis etwa 1887 wurde auf dem weitläufigen Gelände, das von der Hellerhofstraße bis zum heutigen Bahndamm reichte, noch Landwirtschaft betrieben, dann wurden die Äcker parzelliert, die Gebäude wurden abgerissen, die letzten verschwanden 1902. Bis zuletzt erhalten blieben außer einigen Resten der mittelalterlichen Umfassungsmauer nur Spuren der älteren Anlage.

Hat der befestigte Hof in all den vielen Fehden und Kämpfen der Freien Reichsstadt mit seinen Nachbarn eine Rolle gespielt? War er als bewaffneter Stützpunkt in den Kriegen, in die die Stadt verwickelt wurde, jemals mit Truppen belegt worden? War er irgendwann einmal umkämpft? Nichts ist hierüber zu ermitteln. Während die auf ihren Besitz stolzen Frankfurter Patrizier ihn in ihren Testamenten er-

wähnten, während wenigstens einige Urkunden über
den Besitzwechsel auf uns gekommen sind, schweigen unsere Quellen hier vollständig. Nur die Hellerhofstraße und die Hellerhofsiedlung halten die Erinnerung an ihn wach.

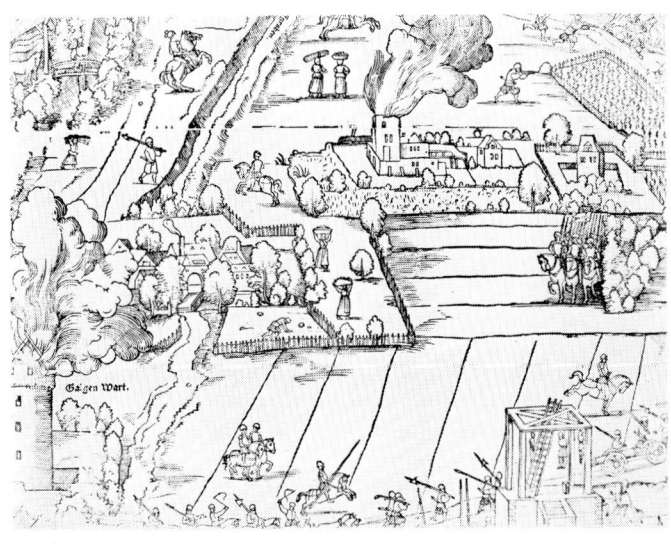

Der Hellerhof, in Brand gesteckt
Ausschnitt aus dem Belagerungsplan von 1552

LITERATURVERZEICHNIS (In Auswahl)

ALT-FRANKFURT, Vierteljahrsschrift für seine Geschichte und Kunst, Frankfurt a. M. 1909 – 1913.

BATTON, Johann Georg, Örtliche Beschreibung der Stadt Frankfurt am Main 1861 – 1875, Bd. 1.

BOTHE, Friedrich, Geschichte der Stadt Frankfurt am Main. Nachdruck der 3. Auflage 1929, Frankfurt 1977.

BOTHE, Friedrich, Geschichte des St. Katharinen- und Weißfrauenstifts zu Frankfurt am Main, Frankfurt (M.) 1950.

BOTHE, Friedrich, Goethe und seine Vaterstadt. Frankfurt (M.) 1948.

COHAUSEN, A. von, Beiträge zur Geschichte der Befestigung Frankfurts im Mittelalter. Archiv für Frankfurts Geschichte und Kunst. Neue Folge, Bd. IV.

DAHL, Wilhelm Frithjof, Die Tätigkeit des Baumeisters Salins de Montfort in Frankfurt (M). Schriften des Historischen Museums, V, 1929.

HEISTER, Wilhelm, Bornheim im Wandel der Zeiten, Festschrift zum Bornheimer Brunnen- und Eingemeindungsfest. Frankfurt (M.) 1952.

JUNG, Prof. Dr. Rudolf, und HÜLSEN, Prof. Dr. Julius, Die Baudenkmäler in Frankfurt am Main, 3. Band, Privatbauten. Frankfurt a. M. 1914.

KALLMORGEN, Dr. Wilhelm, Siebenhundert Jahre Heilkunde in Frankfurt am Main. Frankfurt 1936.

KRIEGK, Frankfurter Bürgerzwiste und Zustände im Mittelalter, Frankfurt 1862.

LERNER, Prof. Dr. Franz, Gestalten aus der Geschichte des Frankfurter Patrizier-Geschlechtes von Holzhausen. Frankfurt 1953.

MEINHARDT, Dr. Karl-Ernst, Das peinliche Strafrecht der freien Reichsstadt Frankfurt am Main im Spiegel der Strafpraxis des 16. und 17. Jahrhunderts. Frankfurt 1957.

NATHUSIUS von, Das Münzenberger sog. Alt Stralenberger Erb- und Frauenlehen zu Oberrad. Frankfurt 1900.

PELISSIER, Die Frankfurter Landwehr. Archiv für Frankfurter Geschichte und Kunst. 3. Folge, Bd. VIII.

SCHARFF, Das Recht in der Dreieich. Frankfurt 1868.

SCHOMANN, Heinz, 111 Frankfurter Baudenkmäler schildern. Illustrierte Beschreibung der wichtigsten historischen Gebäude der Stadt. Frankfurt (M.) 1977.

HANS PEHL

Als die Frankfurter
noch hinter der Mauer lebten

Die mittelalterliche Befestigung der Freien Reichsstadt

96 Seiten, mit vielen Abbildungen,
Efalin 14,80 DM

Der Frankfurter Journalist Hans Pehl, dessen Buch über
Frankfurts mittelalterliche Kirchen „Von der Pfalzkapelle bis
zum Kaiserdom" noch in guter Erinnerung ist, erzählt hier in
gelockerter, oft anekdotenhafter Form, aus der Geschichte der
Frankfurter Stadtbefestigungen. Maueranlagen, von karolingi-
scher Zeit an immer weiter ausgebaut und mit Türmen und
Toren verstärkt, mußten die Freie Reichsstadt jahrhundertelang vor ihren vielen Feinden schützen — bis die Mauern doch
keinen Schutz mehr boten und, zur Erleichterung der Bürger, zu
Beginn des 19. Jahrhunderts niedergelegt werden konnten.
Türme, Tore, Warten und Mauerreste sind bis heute erhalten,
und in den Ereignissen, die sich um sie ranken, spiegelt sich die
wechselvolle Geschichte der Stadt wider. Sie berichtet von
Kriegen und Fehden, Raubüberfällen und Belagerungen, von
Raubrittern, „Schnapphähnen" und anderem lichtscheuen Ge-
sindel, von braven Handwerkern, die sich gern vor ihrer
Wehrpflicht drückten, von Söldnern, die für ein Schandgeld
ihre Haut zu Markte trugen, von Juden, die man schamlos
erpreßte, und von stolzen Patriziern, die in den feuchten
Verliesen der Burg Kronberg schmachteten.

Das Buch ist, erweitert und ergänzt, aus einer vielbeachteten
Aufsatzfolge in der „Frankfurter Allgemeinen Zeitung" hervor-
gegangen. Es enthält in ganzseitigen Abbildungen viele wenig
bekannte Stiche und Fotos.

Durch alle Buchhandlungen

VERLAG JOSEF KNECHT · FRANKFURT AM MAIN

LOTHAR ZENETTI

Das allerschönste Fest

Ein Frankfurter Weihnachtsbuch

2. Auflage, 208 Seiten, mit 8 Farbtafeln
und vielen Bildern, zweifarbig gedruckt,
mit glanzkaschiertem Überzug 26,50 DM

Lothar Zenetti bietet in seinem bezaubernden Frankfurter
Weihnachtsbuch weihnachtliche Erinnerungen aus der Vergangenheit – große Historie und sehr Privates darüber, wie
Frankfurt und seine Bürger das schönste Fest des Jahres jeweils
gefeiert haben, mit ihrem Christkindches-Markt und vielem,
vielem anderen mehr.

Die reiche weihnachtliche Kunst in den Kirchen und Museen
Frankfurts wird in Bild und Wort dargeboten, vor allem aber
die Krippen. Ein reizvoller Überblick über die Geschichte der
Weihnachtskrippen, ihre Entstehung, ihre Eigenarten in den
verschiedenen Jahrhunderten und Gegenden bereitet den Gang
zu den Frankfurter Krippen vor: den erhaltenen und den neuen,
den kostbaren und den schlichten Darstellungen der Geburt
Christi, die vor allem in den Kirchen, aber auch in Bürgerhäu-
sern der Stadt jedes Jahr wieder liebevoll aufgebaut werden.

Durch alle Buchhandlungen

VERLAG JOSEF KNECHT · FRANKFURT AM MAIN